십대 마음에 꽃이 피었습니다

십대 마음에 꽃이 피었습니다

금동훈

책을 내면서

요즘 TV에서 청소년 문제를 놓고 하는 말을 들어보면 죄다 '어른들의 잘못'이란다. 아이들이 잘못되고 다치고 힘들고 상처받고 어려워하는 것이 다 어른들의 책임이란다. 나도 예전에는 그렇게 생각했다. 하지만 살아보니까 아니더라. 나도 어른이 처음이다. 처음부터 어른은 아니었다. 어른이 아무리 잘해도 십대는 아프고 힘들고 불안할 수밖에 없다.

물론 나는 숙명론자나 결정론자가 아니다. 앞서 어른이 된 사람들이 뒤에 오는 청소년들의 손을 따뜻이 잡아 이끌어 주어야 사회도 교회도 발전함을 부인하는 막가파 어른도 아니다. 단지 청소년들의 모든 문제 배후에 못된 어른들이 있다는 식으로는 실상 어떤 청소년 문제도 의미 있게 풀릴 수 없다고 말하고 싶은 것이다.

청소년 부서를 맡아 사역하는 동안 나는 많이 억울했다. 분명히 아이들이 실수하고 잘못했는데 나더러 잘못했다고 했다. 내가 왜? 나는 아무 잘못도 하지 않았는데, 나 정말 열심히 살았는데…. 그때는 정말 아이들 때문에 힘들었다. 아이들을 돌보느라 집에도 가지 못하고, 밥을 사 먹이고 생일까지 챙겨주느라 있는 돈 없는 돈 다 털어 넣었다. 그런데 내 잘못이라니. 10대의 잘못은 10대의 잘못이다. 이 점을 인정하자. 마찬가지로 어른의 잘못은 어른의 잘못이다. 이런 전제 아래서 십대들을 도와줄 길을 찾아보고 싶었다.

어느 날 집에서 기도하며 묵상하고 있는데 마음이 참 힘들었다. 뭔지 모르게 아주 힘들었다. 그래서 '왜 이렇게 힘들까' 하고 생각해 보았다.

청소년 사역을 하는 동안 정말 많은 일이 있었다. 아이들이 다치기도 하고, 학교 따돌림(왕따), 폭력, 부모와의 단절과 불신, 가출, 심지어는 극단적 선택을 하는 경우도 있었다. 그때는 어떻게 해서든 넘겼고, 그래서 다 괜찮은 줄 알았다. 그런데 어느 날 돌아보니 그 격동 같은 일들이 내 마음에서 정리되지 않은 채 너무도 많이 남아 있음을 알게 되었다. 그때 쏟아지는 눈물을 주체할 수 없었다. 그리고 알게 되었다. '하나도 안 괜찮았구나. 내가 이것들을 하나도 제대로 넘기지 못

했구나. 나 스스로 점검하지 않고 그냥 방치한 채 지내왔구나. 속으로 곪았구나.'

청소년을 돌보면서 입은 내상內傷을 치료하지 않으면, 자기 비하에 빠져서 '나 같은 게 뭘…'이라거나, 아니면 자기 교만에 빠져서 내가 겪었던 아픔은 하나도 기억하지 못하고 '청소년 사역은 이렇게 해야 한다'라며 앞에 나가서 떠벌리게 될 것 같았다. 그래서 그러지 않으려고 청소년 사역자로 사는 동안 겪은 일들을 정리해 보았다.

1부 "십대의 영성"에서는 청소년기 신앙의 특징과 고민, 그리고 어른들이 자칫 놓칠 수 있는 그들만의 놀라운 고백을 담아 보았다. 어른 눈에는 영성에 안 차 보일지 몰라도 십대의 신앙에는 그들만의 영적 문법과 호흡이 깃들어 있다. 돌이켜보면 목사와 선생을 부끄럽게 만든 십대 성자들의 얼굴이 떠오른다. 아니, 조금 더 이해하고, 조금 더 품어주지 못한 회한이 여전히 가슴을 누른다. 청소년부 사역자와 교사들이 이 책을 통해서 십대의 신앙을 더 두텁게 이해할 수 있길 바란다.

2부 "십대 마음 톺아보는 심리학"에서는 심리학(또는 뇌과학)이 내놓은 많은 청소년 내면 관련 연구를 통해서 십대 청소년기의 특징을 파악하려 애쓴 자취들을 담아 보았다. 하나님께서는 우리에게 발달의 단계, 즉 온전해짐의 계단들을 주셨다. 그 계단 하나하나를 밟아가며 십대들의 희망과 좌절,

그들의 (어쩌면 이유 없어 보이는) 웃음과 눈물의 의미를 좀 더 잘 이해하고 그들을 있는 그대로 더 사랑할 수 있을 것이다.

3부 "십대의 행진"에서는 청소년 사역이 위로 차원에서만 머물지 않고, 청소년기를 지나 청년, 성인으로 진입해야 하는 십대의 성장 목표를 바라보며, 십대에게 있어야 할 것과 십대들이 받아야 할 내면 훈련에 대해 나누었다. 십대를 빠져나가는 문은 육중하여 당최 열릴 듯 보이지 않으나, 하나님의 크신 은혜 가운데 열리지 않을 듯하던 문이 열리고 길이 만들어지는 기적을 참 많이 보았다.

마지막 4부 "사역 팁"은 그야말로 현장에서 몸으로 겪어 낸 사역 백병전의 노하우다. 필터를 많이 돌리지 않아서 생각이 거칠고 언어가 정제되어 있지 않지만, 그렇기에 어떤 가치가 있지 않을까 싶어서 묶어 보았다. 학문적 근거가 부족하더라도, 엑스 청소년 사역자가 현재 십대 부서 사역자와 조력자들에게 줄 수 있는 일종의 허니&버터라고 여겨 주길 바란다. 허니도 버터도 없으면 참 감당하기 어려운 부서가 청소년 부서다.

예전에 한 청소년 큐티 전문지에 수년간 게재했던 글들을 손질해서 책으로 내놓는다. 오로지 하나님께서 구원의 큰 일을 청소년들 가운데 행하셨음을 인해 그분의 이름을 찬양한다.

2024년 한가위 무렵
금동훈

추천사

사랑하는 동역자인 금동훈 목사님은 사랑의교회 청소년 주일학교를 12년간 전심으로 섬긴 귀한 목회자입니다. 그는 목회의 가장 청청한 시기를 복음 앞에 눈물을 흘리는 십대들과 함께하며 진액을 쏟아, 다음 세대에 말씀의 씨앗을 심는 생명 사역을 창조적이며 역동력 있게 감당했습니다. 이제는 장년 목회를 통해 전 세대를 말씀으로 돌보고 세우는 목양의 자리로 나아가 하나님께서 주신 사명의 지경을 넓혀가고 있습니다.

이번에 출간된 『십대 마음에 꽃이 피었습니다』는 그 사역의 현장에서 피어난 복음의 꽃이며, 한 명 한 명의 청소년 안에 예수님의 생명이 어떻게 심기고 자라나는지를 보여주는 감동적인 기록입니다. 이 책에는 단지 교육 이론이나 사역 방법론이 아니라 살아 있는 복음과 눈물의 기도, 다음 세대를 향한 하나님의 간절한 사랑과 목자의 마음이 담겨 있습니다.

다음 세대를 세우는 사역을 감당하고 있는 교회와 부모, 주일학교 교사들뿐 아니라, 이 시대를 살아가는 모든 그리스도인이 함께 읽었으면 하는 귀한 책입니다. 특히 우리 사랑의교회 주일학교 사역의 실제와 정신이 잘 담겨 있어, 한국 교회의 다음 세대 사역을 고민하는 분들에게 널리 소개되기를 소망하며 기쁜 마음으로 일독을 권합니다.

오정현 목사(사랑의교회 담임)

저는 금동훈 목사님을 30여 년 동안 가까이에서 지켜보며, 그의 삶과 사역을 깊이 알고 있는 사람입니다. 오늘날 교회는 청소년들의 마음을 읽는 데 서툴고, 가정은 바쁘고 지쳐 있지만, 금 목사님은 오랜 시간 청소년 사역의 최전선에서 한 알의 밀알처럼 헌신하며 눈물과 기도로 복음의 씨앗을 심어 왔습니다. 『십대 마음에 꽃이 피었습니다』는 그러한 밀알의 삶이 맺은 열매로, 청소년들의 아픔과 혼란 속에서도 하나님의 섬세한 사랑을 전하며 다음 세대의 심령에 참된 소망을 심어주는 귀한 기록입니다.

특히 금 목사님은 청소년 사역을 넘어 이제는 장년 세대까지 아우르며, 온 세대를 말씀으로 세우는 충성된 밀알로서 사명을 감당하고 있습니다. 그럼에도 불구하고 여전히 청소년들과 가정, 학교를 향한 사랑과 헌신을 잃지 않고, 복음의 현장을 굳건히 지키고 있습니다.

이 책은 가정과 교회, 다음 세대 사역자들에게 깊은 통찰과 감동을 선사하며, 세대 간의 간격을 좁히고 복음의 사랑이 다시 뜨겁게 이어지기를 소망하게 합니다. 이 귀한 책을 모든 그리스도인과 사역자, 부모님들과 교사들에게 기쁜 마음으로 추천합니다.

이재서 총재 (세계밀알연합, 전 총신대 총장)

가까이서 함께 걷지 않으면 느낄 수도, 들을 수도 없는 십대들의 마음이 책 전체에 담겨 있습니다. 각 소제목에도 저자의 고민과 성찰이 가득합니다. 그 풍성한 울림 앞에 잠시 멈춰 설 수 있는 시공간마저 저자는 계획한 듯합니다. 다소 멀게 느껴질 수 있는 다양한 전문가들의 목소리를 구체적인 맥락 속으로 가져와 의미 있게 엮어 주는 저자의 친절함도 좋습니다. 아울러 어른의 삶에 자리해도 버거울 십대들의 이야기가 저자의 성실한 이해와 섬세한 사랑과 만나기에, 더 나아가 하나님의 살아 역사하시는 말씀과 연결되기에 독자도 그 안에서 길을 찾게 됩니다. 그래서 감사한 마음으로 이 책을 적극 추천합니다. 세대를 넘어, 다양한 차이를 넘어, 서로 간의 거리는 좁히고 대화의 폭은 넓혀줄 귀한 책입니다.

조은아 교수 (고든콘웰신학대학원 선교학)

『십대 마음에 꽃이 피었습니다』는 청소년들의 신앙과 마음을 깊이 이해하고 품으려는 따뜻한 통찰이 담긴 책입니다. 가시처럼 걸리는 믿음, 요동치는 감정, 그리고 작지만 귀한 신앙의 고백을 존중하며 그 마음들을 섬세하게 풀어냅니다. 청소년의 삶의 문제를 신앙의 관점으로 풀어가는 목사님의 이야기는 청소년 사역자와 교회학교 교사, 부모 모두에게 든든한 신앙교육의 안내서가 될 것입니다. 오랫동안 청소년 사역에 헌신해 온 저자는 생생한 경험을 바탕으로 청소년 사역의 이야기를 진솔하게 들려줍니다.

여린 듯 강한 십대들의 마음에 진심으로 다가가고 싶은 이들에게 이 책을 기쁘게 추천합니다. 한 걸음, 또 한 걸음, 이들과 함께 걷고 싶은 모든 이들에게 꼭 필요한 동반서입니다.

함영주 교수(총신대 기독교교육)

저는 금동훈 목사님과 수년간 국제제자훈련원에서 청소년을 위한 제자 큐티지 「큐틴」을 통해 제자훈련 사역을 함께 감당하며, 십대 한 영혼 한 영혼의 신앙 여정에 동행해 왔습니다. 그 과정에서 지켜본 금 목사님은 언제나 눈물로 기도하며, 말씀으로 씨앗을 심고, 십대의 마음에 담긴 아픔과 갈망을 세밀하게 어루만지는 분이었습니다.

그런 금 목사님의 사역이 고스란히 녹아든 『십대 마음에 꽃이 피었습니다』는 청소년들에게는 자신의 신앙 여정을 이해하고 격려받는 든든한 길잡이가 될 것이며, 부모와 교사에게는 영적 대화의 통로를 열어 주는 귀한 이정표가 될 것입니다. 또한 다음 세대를 세우는 사역자들에게는 현장의 변화무쌍한 도전 위에 신앙의 공동체를 든든히 세울 지침서로 쓰임 받기에 충분한 책입니다. 이 책이 한국 교회와 가정 그리고 학교 현장에 하나님의 사랑을 더욱 깊이 전하는 복의 통로가 되기를 소망합니다.

박주성 목사(국제제자훈련원 대표)

이 책을 읽는 순간, 많은 청소년들은 마치 자신의 마음속 깊은 이야기가 들킨 듯한 느낌을 받을 것입니다. 쉽게 꺼내 놓을 수 없었던 아픔과 설명하기 어려웠던 복잡한 마음을 이 책은 조심스럽게 어루만져 줍니다. 마치 곁에 앉아 가만히 이야기를 들어주듯, 저자는 "나는 네가 얼마나 애쓰고 있는지 알아"라고 따뜻하게 말을 건넵니다.

힘든 시간을 버티고 있는 모든 십대와 이들을 곁에서 돕는 부모와 교사,

그리고 모든 어른에게도 깊은 울림을 주는 이 책은 꼭 전해주고 싶은 소중한 선물입니다. 단순한 위로를 넘어, 이 책은 하나님의 섬세한 사랑과 눈물의 기도를 담아, 청소년들의 내면을 깊이 존중하고 진심으로 격려하는 길로 우리를 초대합니다.

이민형 목사(사랑의교회 주일학교 팀장)

제가 45년 전 여름 수양회를 여전히 기억하는 것은 그때 들은 말씀 때문이 아니라 그 자리에서 만난 구세주 예수님과 목자의 마음을 품은 전도사님과 선생님들 덕분입니다.

저 역시 그 시절을 겪었지만, 주일학교 교사로 섬길 때도, 제 아들이 청소년 시기를 보낼 때도 십대의 마음은 다가가기 어려운 성벽이었습니다. 이 책은 십대들의 마음의 성벽을 타고 넘어 메마른 땅에 꽃을 피우려는 한 목자의 마음을 고스란히 담고 있습니다.

하나님은 언젠가 다음 세대의 마음에 꽃을 피우시고 열매를 맺게 하실 것입니다. 하나님은 그 마음에 눈물로 물을 주고 말씀으로 거름을 줄, 목자의 심정을 가진 한 사람을 찾으십니다. 이 책이 진작 나왔더라면 저도 십대 시절을 더 멋지게 보낼 수 있었을 것입니다. 적어도 십대 아들과 더 깊이 공감하는 멋진 아빠가 되었을 것입니다.

김재원 아나운서(KBS 아침마당 진행)

학부모는 항상 불안합니다. "우리 아이, 잘하고 있는 걸까요?" 가장 자주 듣는 질문입니다.

이 책은 아이들이 마음 깊은 곳에서 보내는 신호를 읽어야 한다고 말합니다. 그리고 어른들에게 십대 아이들의 마음을 먼저 들여다볼 용기를 줍니다. 사역자의 눈으로 아이들에게 어떤 도움을 주어야 하는지 정직하게 알려주며, 당장의 성적만이 아니라 아이가 성장하고 진로를 찾기까지 모든 과정의 길잡이가 되는 것, 그것이 참 교육의 길임을 일깨워줍니다.

오우석 원장(시대인재)

이 책은 제목처럼 우리 안에 십대를 향한 주님의 마음을 전염시킵니다.

   십대 아이들과 함께한 많은 시간과 경험을 바탕으로 한 이 책은 이들에 대한 편견을 벗겨내고, 그들의 모습 그 자체로 우리를 이끌어줍니다. '십대의 영성', '십대 마음 톺아보는 심리학', '십대의 행진', '사역 팁'에 이르는 과정을 따라가다 보면, 마치 잘 준비된 청소년 사역 입문과정을 마친 듯한 느낌을 받게 됩니다. 십대 아이들을 사랑하는 교사들과 청소년부 사역에 입문하는 사역자들, 아이들을 주님의 마음으로 키우고자 하는 모든 부모님께 일독을 권합니다.

김준영 대표 (제이어스)

책을 손에 드는 순간, 십대들이 어른들에게 쉽게 털어놓지 못했던 숨겨진 아픔과 상처들이 하나둘 드러나며, 눈물을 흘리게 됩니다. 그럼에도 이 책은 투박한 듯하지만 노련한 손길로 아이들에게 조심스럽게 다가가, 함께 울고 웃으며, 그들이 주님의 사랑 안에서 자신을 받아들이고 사랑하도록 끝까지 포기하지 않는 청소년 사역자의 헌신과 노력을 간결하면서도 유머러스한 필체로 담아내고 있습니다. 단숨에 끝까지 읽게 만드는 이 책을 청소년 사역자와 주일학교 교사, 그리고 학생들에게 필독서로 추천합니다.

전용순 교수 (가천대 길병원, 사랑의교회 주일학교 교사)

금동훈 목사님은 조금은 날카로운 인상 속에도 청소년들을 향한 사랑과 격려의 광주리를 가득 품고 계십니다. 여러 주제로 대화를 나누다가도 주일학교 이야기만 나오면 눈빛이 초롱초롱해지고 눈시울이 붉어지는 분입니다.

   목사님은 『십대 마음에 꽃이 피었습니다』를 통해 아이들을 향한 하나님의 사랑이 얼마나 섬세한지, 그리고 우리가 그것을 얼마나 자주 놓치는지를 이야기하며, 아이들을 판단하기보다 그들과 함께 걸어가는 것이 중요하다는 것을 강조하고 있습니다.

   책장을 한 장 한 장 넘기다 보면, 넘어지고 흔들리는 십대들에게 멈춤 신호가 아니라 "괜찮다, 다시 시작하자"라고 말씀하고 계시는 하나님의 초록불을 경험할 수 있습니다. 이 책이 혼란한 시기를 겪는 십대 아이들과 부모님, 주일학교 교사들에게 잔잔하고 평안한 예수님의 꽃향기를 은은히 전해줄 것이라 믿습니다.

이오영 변호사(전 부장판사, 사랑의교회 주일학교 교사)

법정을 찾는 이들은 대부분 삶의 무게에 짓눌려, 스스로는 해결할 수 없는 아픔과 고단함 속에 놓여 있습니다. 저는 그와 같은 이웃들의 무너진 마음결을 지키고, 다시 일어설 수 있도록 돕고 싶은 마음을 저의 스승이신 금동훈 목사님께 배웠습니다.

목사님은 거칠고 날 선 사춘기의 십대들에게 언제나 진심 어린 마음으로 다가가셨고, 상처 입은 마음이 회복되도록 깊은 사랑과 인내로 품어 주셨습니다. 청소년들이 무력감에 주저앉지 않도록, 작고 여린 그들의 가능성을 끝까지 믿어 주시며 따뜻하게 격려하셨습니다.

이 책은 혼자가 아닌, 십대들과 함께 걸어온 삶의 흔적 위에 새겨진 신앙의 기록입니다.

이지현 변호사(제자)

여러 어려운 상황 속에서 답을 구하고자 스승이신 목사님을 찾아갈 때면, 목사님은 언제나 쉽고 빠른 해답을 주시기보다는 조용한 질문과 깊은 눈빛으로 말씀하셨습니다. 그런 목사님께서 이제 이토록 다정한 팁들을 책으로 건네주시니, 마음 깊이 감사함을 느낍니다.

의대 시절, 무료하고 답답한 마음에 목사님을 찾아갔을 때도 그랬습니다. "너무 멀리 내다보려 하면 힘들어. 너무 힘들면 좀 쉬었다 해도 돼. 나는 네가 재미있게 살았으면 좋겠다. 하나님께서는 이미 감당할 힘을 네게 주셨단다." 그렇게 말씀해 주시던 목사님의 따뜻한 한마디가, 그 시절을 견디는 데 큰 힘이 되었습니다.

다양한 인간 군상과 세상의 모순을 처음 마주하는 10대와 20대 초반의 청년들이 이 책을 통해 허무와 냉소로 흐르지 않고, 믿음 안에서 자신의 길을 찾아갈 수 있기를 바랍니다.

조윤이 의사(제자)

차례

책을 내면서   4
추천사   8

영, 성에 안 차 보이나 속이 꽉 찬 십대의 영성

베드로가 물에 빠져서 다행이다 | 츤데레 기도에서 간구하는 기도로 | 도망치는 자는 복이 있나니 | 암묵적 지식이 중요하다 | 폐가와 흉가 | 바념 효과를 아십니까 | 악의 평범성 | 탕부 하나님의 가성비 | 거룩한 호구 | 그릿(GRIT) | 야심이 소명으로 바뀔 때 | 실망을 업사이클링 하는 십자가 | 나를 비추는 거울에 김이 서렸다 | 멍때림의 영성 | 십대 마음에 예수님 꽃이 피었습니다

내가 왜 이러는지 몰라, 십대 마음 톺아보는 심리학

뇌가 달라졌어요 | 메타인지 | 야수가 된 십대 | 알고리즘에 빠지다 | 감정의 변화선 | 위로 메커니즘 | 팬덤 심리학 | 근자감과 신중 과잉증 | 나 홀로 공감 | 모든 옛것을 새롭게 하라 | 프로 억울러들에게 고하는 글 | 아싸가 되고 싶어 | 십대가 가장 듣고 싶은 말 | 상상 속에 십대가 있다 | 5분 더 자고 싶다고 하면, 10분을 더 자게 해주라 | 합리적인 믿음주의 | 십대, 파충류의 뇌

3부 141 — 한 걸음 또 한 걸음 오르막을 걷는 십대의 행진

Z세대, 너는 누구냐 | 학교 밖으로도 행진하라 | 스토리텔러와 스토리텔링 | 쉬었다 하게 하라 | 짜증이 날 땐, 짜장면 | 스몸비 깨우기 | 사이다와 쌤통 | 살리에리 신드롬 | 선택의 눈보라 | 꿈의 원근법

4부 183 — 청소년 사역자들에게 주는 허니&버터, 사역 에피소드

얼척없는 자살 방지 캠페인 | 신음하는 욥, 옆에서 항변하는 요나 | 우울증에 말 걸기 | 사태에 개입 말라, 그 대신 아이를 알아가라 | 상담의 역설 | 기억의 치료 | 목사야, 왜 의심하였느냐 | 싸움의 기술 | 사역자에게 흰 머리카락은 훈장이다 | 완벽한 가출을 도와드립니다

책을 마치며

1부

영, 성에 안 차 보이나
속이 꽉 찬
십대의 영성

베드로가
물에 빠져서 다행이다

"목사님, 저 요즘 믿음이 약해졌나 봐요! 제자훈련을 받고 리더 훈련까지 받았지만 자꾸 의심이 생겨요. 어떡하면 좋아요?"

"목사님, 예수님이 안 믿어져요. 정말 계시다면 이럴 수는 없어요."

많은 십대에게 믿음이 가시처럼 목에 걸려 있다. 삼키려고 별 짓을 다 해도 삼켜지지 않고 불편하기만 하다. 빼려고 손가락을 입에 넣어 보아도 헛구역질만 올라올 뿐 작은 가시는 잡히지 않는다.

나의 십대 제자들은 작은 믿음이 너무나도 불편하다. 어른들이 말하는 큰 믿음을 가지고 담대하게 하나님 앞으로 나아가고 싶은데, 여전히 마음 깊은 곳에서 솟아나는 의심들이 발목을 잡는다. 다른 친구들처럼 예배 시간에 찬양과 설교에 집중하고, 들은 말씀대로 살고 싶은데, 집과 학교, 학원에서 마주하는 일들은 은혜롭거나 감동적이지 않다. 그래서 십대는 혼란스럽다. 그 혼란은 다시 가시가 되어 십대의 목구멍 어딘가에 박혀 있다.

잘 알고 있듯이, 예수님께서는 물 위를 걷다가 출렁이는 파도를 보고 의심하며 바닷속으로 빠진 베드로의 작은 믿음을 꾸짖으셨다. 베드로는 물 위를 걷는 기적을 경험했고, 눈앞에 예수님이 계셨다. 하지만 그런 그도 의심했다. 그래서 참 다행이다.

십대는 모든 것이 의아하고 의심스럽다. 자신이 보고 만지며 좋아하고 감동하는 것들 외에는 모든 것이 의심스럽다. 베드로는 바람에 일렁이는 파도에 의심이 생겼지만, 십대는 바람처럼 흔들리는 감정을 따라 모든 것을 의심한다.

이제 막 중학교 2학년이 된 남자아이가 눈물을 흘리며 입을 뗀다.

"목사님, 아버지가 돌아가셨어요."

짧은 그 한마디가 가슴을 먹먹하게 했다. 많은 죽음이 있지만 어린 십대가 감당하기에는 너무나 큰 슬픔이고 아픔이었다. 먹먹한 마음으로 장례식장에서 그 아이를 다시 만났다. 그날따라 왜 그리 날씨가 좋던지, 따뜻한 햇살이 밉게 느껴졌다. 빈소에 덩그러니 앉아 있던 아이 옆에 조용히 앉아 어색한 미소를 지었다. 무슨 말을 해야 할지 서로 몰랐기 때문이다. 얼마 후, 내가 먼저 입을 뗐다.

"하나님께 편지 좀 써 볼래?"

아이는 아버지의 장례식을 마치고, 며칠 후 편지 한 통을 가지고 왔다. 아버지와 함께 지낸 15년을 편지에 가득 채운 아이는 아버지의 죽음이라는 엄청난 사건 앞에서 충분히 예수님께 따질 수 있었다. 예수님을 거부하고, 의심하고, 도망칠 수도 있었다. 하지만 편지에서 의심이라는 단어는 보이지 않았다.

그저 아버지를 그리워하며 적어 내려간 수많은 단어들과 아빠를 잃은 엄마와 여동생에 대한 걱정이 한데 뒤섞여, 읽는 내 가슴을 저리게 했다. 그리고 편지 말미에는 하나님을 향한 믿음의 고백이 새겨져 있었다.

"그럼에도 불구하고 예수님, 사랑해요."

아이의 고백이 여전히 내 귓가에 남아 소리치고 있다. '그럼에도 불구하고'의 믿음이 아이의 마음속에 자라난 것이다. 이 믿음이 모든 십대의 마음에서, 더디지만 분명히 자라나고 있다.

츤데레 기도에서
간구하는 기도로

"오늘 저녁 식사에 맛있는 반찬이 나오게 해 주세요."

어느 여름수련회 때 한 아이가 이런 기도제목을 종이에 적어서 가져다주었다. 이 친구의 기도가 얼마나 간절했던지 그날 저녁은 정말 맛있는 닭볶음탕과 여러 반찬이 나왔다.

십대는 간절하다. 어른들에게 말은 다 못하지만, 미래에 대한 염려와 시험이 주는 스트레스에 시달리는 십대에게는 인생의 해답이 간절하다. 그리고 이러한 간절함은 기도로 이어진다.

어느 날 한 십대가 내게 와서 물었다.

"목사님, 기도하는 방법 좀 알려 주세요."

십대들이 언젠가부터 기도하는 방법을 잃어버렸다. 기도

는 십대에게 새로운 소망이다. 우선 기도를 통한 회개는 다시 한번 시작할 수 있는 새로운 기회가 있음을 깨닫게 한다.

뜨거웠던 여름수련회를 마치고 돌아온 어느 주일, 한 여학생이 입술이 퉁퉁 부어 교회에 왔다. 눈에 눈물을 가득 채우며 아이가 입을 열었다.

"지난 수련회에서 간절히 기도했어요. 입술로 지은 죄를 용서해 달라고요. 그리고 앞으로는 입술로 죄를 짓지 않겠다고 회개했어요. 만일 다시 입술로 죄를 짓는다면, 제 입술을 때리겠다고 했어요."

그 십대는 예쁜 입술을 잃고, 기도를 되찾았다!

하나님께서는 십대의 기도를 기다리신다. 구하면 얻게 하시고, 찾으면 찾게 하시고, 두드리면 열게 하신다고 하셨다. 베드로전서 3장에서는 "주의 눈은 의인을 향하시고 그의 귀는 의인의 간구에 기울이시되"라고 말씀하신다. 주님께서는 십대의 기도를 기대하고 계신다.

도망치는 자는
복이 있나니

"목사님, 너무 억울하고 힘들어서 도저히 못 버티겠어요."

이제 막 중학교에 들어간 남자아이가 퉁퉁 부은 얼굴로 찾아왔다. 한쪽 눈은 퍼렇게 물들었고, 오른쪽 입술은 부어 있었다. 들어 보니 학교에서 몇몇 아이들이 이 불쌍한 중학생을 왕따 시키고 괴롭혔다는 것이다.

그런데 괴롭힘에는 아무런 이유가 없었다. 더 억울한 것은, 괴롭힘을 당하는데도 불구하고 주변 어른들은 이 아이에게도 문제가 있다며 무조건 참고, 괴롭히는 아이들과 친하게 지내라고 했다는 것이었다. 도무지 이해가 되지 않았다.

십대는 그 나이만으로도 버겁고 힘들다. 공부하는 것이 쉽지 않다. 친구들에게 왕따 당하고 비교당하는 것은 어른들이 생각하는 것보다 더 참기 힘들다. 이렇게 지치고 버거운 짐을 지고 있는 십대에게 온 힘을 다해 이렇게 말해 주고 싶다.

"도망쳐!"

십대는 창피한 것이 죽기보다 싫은 나이다. 하지만 분명히 알아야 한다. 삼십육계 줄행랑은 고도의 전략이라는 사실을 말이다. 도망치는 것은 부끄러운 일이 아니다. 더 큰 승리를 위한 하나의 전략이며 전술이다. 일단 위험을 피했다가 힘을 기른 다음에 싸우는 것도 전략일 수 있기 때문이다. 이 전술은 십대에게 꼭 필요하다.

"제자들이 다 예수를 버리고 도망하니라"(막 14:50)

예수님께서 잡히셨다. 너무나도 소란스러운 상황에서 제자들은 예수님께 달려드는 군사들을 피해 도망갔다. 제자들은 자신들이 믿고 따랐던 예수님을 두고 도망가기에 바빴다.

"그들이 알고 도망하여 루가오니아의 두 성 루스드라와 더베와 그 근방으로 가서 거기서 복음을 전하니라"(행 14:6~7)

사도 바울과 바나바도 도망쳤다. 하지만 예수님의 십자가 사건 앞에서 자신만 살기 위해 도망쳤던 그때의 제자들과는 많이 다르다. 이 두 사도는 루스드라와 더베 근방에서 복음을 전하기 시작했다. 예수님이 누구이며 십자가가 무엇인지 전하자 수많은 사람이 예수님을 믿기 시작했다. 하지만 유대인들은 지역 사람들을 선동하여 그들을 돌로 치려고 달려들게 만들었다.

결국 그들은 그곳에서 도망쳤고, 다시 목숨을 걸고 복음을 전했다. 복음 전파를 위한 두 사도의 위대한 도망은 예수님의 제자가 되기를 소망하는 이들의 마음을 웅장하게 한다.

"바리새인들이 나가서 어떻게 하여 예수를 죽일까 의논하거늘 예수께서 아시고 거기를 떠나가시니 많은 사람이 따르는지라 예수께서 그들의 병을 다 고치시고"(마 12:14~15)

예수님도 도망치셨다. 바리새인들은 예수님께서 안식일에 손이 마른 자, 즉 손이 오그라들어 불편함을 가진 사람을 고치신 일에 분노하며 그를 고소했다. 선한 일을 한다고 다 존중받거나 사랑받지 못하는 것은 그때나 지금이나 비슷하다. 결국 예수님께서는 바리새인들의 분노와 비난이 쌓인 자리에서 도망치셨다.

제자들도 예수님도 모두 도망친 경험이 있다. 물론 그것이 선한 일을 위함일 때도 있고, 자신만 생각하는 이기적인 모습에서 나온 것일 수도 있다. 하지만 도망쳐야 할 때는 도망치는 것이 맞다. 예수님께서는 십자가를 위해 도망치셨다. 예수님의 생애에서 가장 소중한 순간은 바로 십자가를 지시는 순간이었기 때문이다.

　십대도 도망쳐야 한다. 그것이 자기 보호나 합리화일 수도 있다. 그것이 선한 일 가운데 나타나는 억울한 상황일 수도 있다. 하지만 십대가 반드시 알아야 할 것은 잘 도망치는 사람에게 위대한 기회가 온다는 것이다.

암묵적 지식이 중요하다

"영상으로 보면 돼요."

"목사님, 영상으로 하면 안 돼요? 인터넷에 다 나오거든요."

학교의 모든 수업이 온라인 학습 플랫폼을 통해 이뤄지다 보니 성경도, 관계도, 감정도 온라인으로 충분히 나눌 수 있다고 여기게 되었다. 얼굴과 얼굴을 맞대고 이뤄져야 할 배움들이 인공지능을 통해 수치화되고, 지식뿐만 아니라 경험조차도 매뉴얼과 수치로 표시되는 정보화 시대 속에서 십대는 이제 눈에 보이는 것만 믿게 되는 것은 아닐까?

영국의 철학자 마이클 폴라니 Michael Polanyi 는 『개인적 지식』이라는 저서에서 '암묵적 지식'과 '명시적 지식'을 구분하여 설명했다. 명시적 지식은 매뉴얼과 같이 누구나 보면 알 수 있는 지식인 반면, 암묵적 지식은 일반적으로 공유되기 어려운 노하우와 같은 지식으로, '글로 적힌 것' 이상의 것들, 곧 깊은 경험과 나눔을 통해서 얻어지는 지식이다.

과학 기술자 해리 콜린스 Harry M. Collins는 이런 암묵적 지식의 중요성을 실험을 통해 설명했다. 어떤 회사가 엄청난 투자와 시간을 들여 만든 기술이 있다. 이 기술을 A그룹에게는 설계도와 매뉴얼만을 제공하여 복제하게 하고, B그룹에게는 설계도 이외에 직접 회사 연구소에 방문하여 문의와 회의를 통해 복제하게 했다. 과연 어느 그룹이 기술 복제에 성공했을까? A그룹은 실패했고, B그룹은 성공했다. 이 실험을 통해 명시적 지식보다는 암묵적 지식이 더 중요하다는 사실을 알게 되었다.

시간이 지날수록 언택트 Untact가 강화되고 있다. 교류와 소통을 거부하고, 그저 매뉴얼을 통해 지식을 접하는 시간과 콘텐츠가 많아지는 시대가 된 것이다. 이런 시대를 살아가는 십대에게는 암묵적 지식을 통한 생각의 깊이와 나눔의 전수가 더욱 절실하다.

"내가 이 말을 듣고 앉아서 울고 수일 동안 슬퍼하며 하늘의 하나님 앞에 금식하며 기도하여"(느 1:4)

이스라엘 백성에게는 주야로 말씀을 묵상하는 거룩한 습관이 있었다. 아버지는 하루에 몇 차례 자녀들과 하나님의 말씀을 같이 읽고, 정기적으로 묵상하는 시간을 가졌다. 또 이스라엘 백성은 위기 앞에서 회개하며 기도하는 훈련을 받았다. 나라의 위기와 고난 앞에서 지도자는 기도와 회개, 금식을 가르쳤다. 포로 세대인 느헤미야도 어린 시절부터 어깨너머로 배운 선배들의 신앙을 몸으로 기억하고 있었다. 삶에서 익힌 배움은 위기 앞에서 더욱 밝게 빛나는 법이다. 느헤미야는 폐허가 된 조국의 소식에 금식하고 회개했다.

이런 예도 있다.

"우리는 오로지 기도하는 일과 말씀 사역에 힘쓰리라 하니"(행 6:4)

초대교회에 문제가 생겼다. 외지에서 들어온 사회적 약자 '헬라파 과부'(행 6:1)들이 초대교회에서 매일 나눠 주던 양식을 받지 못하게 된 것이다. 이를 원망함으로 분열이 시작되었고, 헬라파 유대인과 히브리파 유대인 사이에 갈등이 생겨났다. 그러자 제자들은 고민에 빠졌다.

'예수님이라면 이런 상황에서 어떻게 하셨을까?'

예수님께서는 제자들에게 기도할 것을 말씀하셨고, 직접

기도하는 방법까지도 알려 주셨다. 마지막 사명을 앞두고서는 겟세마네에 올라 땀이 피가 되도록 기도하셨다.

제자들은 교회 안에 발생한 혼란과 자신들의 한계 앞에서 예수님께서 보여 주셨던 것들을 하나씩 떠올렸다. 추억의 어깨너머로 예수님을 배웠다. 이제 십대의 차례다.

폐가와 흉가

무더운 밤에 시작된 질문 때문에 등골이 오싹해졌는지 아이들이 비명을 지르기 시작했다.

"폐가는 주인이 없이 버려진 집입니다. 버려진 폐가에서 사람들이 흉한 일이나 무서운 일을 당하게 되면 그곳이 바로 흉가가 됩니다. 여러분의 인생은 폐가입니까, 흉가입니까?"

한여름 밤 무서워서 시원한 이야기를 잔뜩 기대하고 듣던 십대들은 갑작스러운 질문에 김이 샜는지 황당한 표정을 짓는다. 하지만 진짜 무서운 이야기는 지금부터 시작이다.

성경은 분명 나에게 주인이 있다고 말씀한다. 나는 주인이신 하나님께서 거하시는 성전이다. 하지만 지금 내 모습은 어떤가? 나는 주인이신 하나님을 거부하고 주인을 잃어버린 폐가가 되어 버렸다. 또 악한 죄로 말미암아 아주 무서운 흉가가 되어 가고 있다.

"죄를 짓는 자는 마귀에게 속하나니"(요일 3:8)

성경은 거룩한 '하나님의 성전'인 나의 삶에서 추악한 죄를 정확히 찾아낸다. 진정한 주인을 거부하고 죄로 말미암아 폐허가 되어 버린 흉가에서 죄로 타락한 내가 주인 행세를 하기 시작했다. 십대들의 삶은 죄로 가득한 흉가인가? 아니면 말씀으로 가득한 거룩한 성전인가?

'회심回心'은 사전적 의미로, '마음을 돌이켜 먹음', '과거의 생활을 뉘우쳐 고치고 신앙에 눈을 뜸'으로 정의할 수 있다. 다시 말해 회심은 마음을 돌리는 것이다. 지금까지 분리되고 의식적으로 빗나갔던 열등하고 불행한 자아가 통합되어 올바르고 우월하며 행복한 존재로 변모해 가는 것이다.

이런 회심은 신학적으로 '회개'와 '회심'이라는 두 개의 단어로 설명할 수 있다. 여기서 '회개'는 죄의 고백과 용서의 간구 등 능동적 차원의 행동과 결단을 동반하는 사건으로 볼 수 있다. 하지만 '회심'은 조금 다르다. 회심은 수동적 차원이 강하다. 그리고 하나님께서 주체가 되신다. 그래서 신비하다.

심리학을 전공한 조직신학자 앤서니 후크마Anthony A.

Hoekema는 회심을 '거듭난 사람이 회개와 믿음으로 하나님을 향해 돌이키는 의식적인 행위'로 정의했다. 즉 회심은 죄에서 멀어지고 하나님을 섬기는 쪽으로 돌아서는 돌이킴Return을 수반한다는 것이다.

이런 회심은 양면적 성격을 띤다. 이는 하나님의 일인 동시에 인간의 일이다. 하나님께서 나를 회심시키셔야 하지만, 나 또한 하나님을 향해 돌이켜야 한다.

십대에게도 회심이 필요하다. 이제 그만 하나님께로 돌이켜야 한다.

"내가 원하는 바 선은 행하지 아니하고 도리어 원하지 아니하는 바 악을 행하는도다 만일 내가 원하지 아니하는 그것을 하면 이를 행하는 자는 내가 아니요 내 속에 거하는 죄니라"(롬 7:19~20)

바울은 자신의 삶 가운데 나타나는 죄로 인해 고통스러워했다. 그리고 도망가지 않고 자신의 죄를 고백함으로 직면했다. 예수님의 십자가가 해결해 줄 것이라는 믿음을 갖고 의지적으로 나아갔다. 이것이 바로 회개다. 회개는 용기가 필요하다.

"이에 베드로가 예수의 말씀에 닭 울기 전에 네가 세 번 나를 부인하리라 하심이 생각나서 밖에 나가서 심히 통곡하니라"(마 26:75)

베드로는 새벽을 알리는 닭이 울자 울었다. 왜 울었을까? 자신의 죄가 떠올랐기 때문이다. 그는 죽어도 예수님을 부인하지 않겠다고 호언장담했었다. 그러나 자신을 위해 너무나도 쉽게 예수님을 배신했다. 베드로는 흉가 같은 자신의 죄 앞에서 통곡했다.

십대에게도 이런 회개가 필요하다. 자신이 죄인인 것을 알고 십자가 앞으로 나아가 죄를 고백하겠다는 결심이 필요하다. 나와 주님만이 아는 골방에서 무릎을 꿇고 "예수님, 제가 회개하기를 원합니다. 회개하지 않아서 망하는 인생이 아니라 회개함으로 다시 살아나는 인생이 되게 하옵소서"라고 고백할 수 있는 결단, 곧 거룩한 결단이 필요하다.

바넘 효과를
아십니까

사무실로 쳐들어온 십대들이 엄청난 발견(발명)이라도 한 듯 말을 쏟아낸다.

"ISTJ는 조용하고 신중해서 실수하지 않으려고 계획을 잘 세운대요. ENFP는 창의력이 넘치고 감정에 솔직해서 사람들을 잘 끌어당긴다는데요?"

"INFP는 감수성이 풍부해서 쉽게 상처받지만 진심이 깊고, ENTJ는 리더십이 강해서 단체를 휘어잡는 성향이래요!"

"목사님은 MBTI가 뭐예요? 설마… ENTJ요? 아님 ENFP?"

아이들의 눈에는 나는 없고, 오직 MBTI만 남았다.

오늘날 많은 십대들은 MBTI를 통해 사람을 파악하고,

세상을 이해하려 한다. MBTI가 성격의 절대 기준처럼 작용하면서, 사람을 쉽게 판단하는 도구가 되어 버린 셈이다. 하지만 많은 심리학자들이 말하듯이 사람의 성격은 40%의 유전적 요인과 60%의 환경적 요인이 결합되어 형성된다. 그럼에도 MBTI 유형이 곧 성격의 전부라고 믿는 경향은 심리학에서 말하는 '바넘 효과'(Barnum Effect)와 밀접한 관련이 있다. 이것은 누구에게나 어느 정도 적용될 수 있는 일반적인 성격 묘사를 마치 자기에게 꼭 들어맞는 것처럼 느끼고 믿는 심리적 현상을 말한다.

심리학자 조지 켈리는 '개인 구성 개념' 이론을 통해 인간은 수동적 존재가 아니라 과학자처럼 끊임없이 관찰하고 해석하며 자기 삶을 재구성해 가는 존재라고 말했다.

예를 들어, 민준이가 "나는 ISTP라서 감성적인 ENFJ와는 잘 안 맞아"라고 생각할 수 있다. 하지만 실제로 함께 시간을 보내며 서로의 장단점을 이해하게 되면 생각이 달라질 수 있다. ENFJ인 수지는 감성적이지만 동시에 매우 논리적이고 책임감 있는 면모를 지니고 있을 수 있기 때문이다.

"너희는 나를 누구라 하느냐"(마 16:15)

예수님의 질문 앞에서 베드로는 가장 명확하고 단호한

신앙의 고백을 했다. 하지만 그는 예수님을 위해 목숨까지 내어놓았던 충성스러운 제자이면서도 위기의 순간에는 예수님을 모른다고 부인한 연약한 사람이었다. 그러나 결국 그는 부활의 주님을 만난 후 죽음을 두려워하지 않는 복음의 증인으로 헌신하며 예수님의 제자로 살아갔다. 이렇게 베드로의 성품과 삶을 정의하고 변화시킨 것은 어떤 성격 유형이나 기질 검사가 아니라 예수 그리스도의 십자가였다.

우리 역시 성경 앞에서 사람을 판단하려는 고정관념과 자기 이해의 틀을 내려놓고, 십자가 앞으로 나아와 예수님의 보혈을 경험해야 한다.

"자기 피로써 백성을 거룩하게 하려고 성문 밖에서 고난을 받으셨느니라"(히 13:12)

우리가 진정으로 알고, 반드시 믿어야 할 것은 '나의 성격 유형'이 아니라 예수 그리스도의 피다. 그 피는 오늘도 우리를 새롭게 하며, 하나님의 나라를 바라보게 하는 능력이 된다.

악의
평범성

"저한테 왜 이런 문자를 보내는지 모르겠어요. 여러 명이 채팅방에서 저에게 욕을 하고…. 친구들이 저를 미워한다고 생각하니까 가슴이 막 뛰고, 밤에 잠을 잘 수가 없어요."

"친구랑 오해가 생겼는데, 제가 쓴 글을 캡처해서 다른 아이들에게 보냈더라고요. 그걸 본 아이들은 저를 욕하고 난리가 났었어요. 나중에 그 친구와의 오해는 풀렸는데, 다시는 그런 일을 겪고 싶지 않아요."

학교 폭력(왕따)이 인터넷, 특히 SNS에서 기승을 부리고 있다. 채팅방에서 일어나는 사이버 폭력은 어른들의 예상을 뛰어넘는다.

"그냥 친구들이 시켜서 같이 한 거예요. 저만 그런 게 아니잖아요."

채팅방에서 집단 괴롭힘에 참여한 가해자들의 대답은 이처럼 단순했다. 십대의 악 惡은 생각보다 일상적이다. 하지만 악은 분명 악이다.

사이버 불링 cyber bullying이란, 사이버 공간에서 특정인을 집단적으로 괴롭히는 행위를 일컫는다. 이런 사이버 폭력은 다양한 형태로 나타난다. 일반적으로 단체 채팅방으로 피해자를 초대해 욕설을 퍼붓거나, 피해자에 대한 거짓 정보 혹은 수치스러운 이미지들을 인터넷이나 SNS로 퍼뜨린다. 또 단체 채팅방으로 초대한 후 피해자만 남기고 모두 채팅방에서 나가는 사이버 따돌림을 통해 수치심을 주기도 한다. 이 같은 폭력의 상처는 피해자의 생명을 위협할 만큼 어마어마하다. 그러나 가해자에게는 그저 재미있는 놀이일 뿐 죄책감은 어디에도 없다.

제2차 세계대전 중 나치 독일이 유대인 600만 명을 대학살한 끔찍한 일이 있었다. 유대인 대학살의 주범인 아돌프 아이히만은 16년 동안 도주하다가 잡혀서 법정에 세워졌다. 그는 '유대인 대학살의 주범'이라는 죄목에 대해 자신은 그저 시키는 것을 실행한 관리였을 뿐이라고 이야기했다.

그 재판을 지켜보던 사상가 한나 아렌트는 지극히 평범해 보이는 아이히만을 보며 "악이란 너무나도 평범하고 누구나 쉽게 접근할 수 있다"라고 말한다. 한나 아렌트는 그의 책 『예루살렘의 아이히만』에서 이러한 모습을 '악의 평범성'이라고 이름 붙였다.

> "나는 너희에게 이르노니 형제에게 노하는 자마다 심판을 받게 되고 형제를 대하여 라가라 하는 자는 공회에 잡혀가게 되고 미련한 놈이라 하는 자는 지옥 불에 들어가게 되리라"(마 5:22)

예수님께서는 형제를 모욕하는 것에 대해 엄중하게 말씀하신다. 형제에게 화를 내고, 형제를 '라가'(바보) 혹은 '미련한 놈'이라고 말하는 것에 대한 처벌은 결코 가볍지 않다. 십대들 가운데에는 남을 모욕하고 비방하면서 자신이 무엇이라도 된 듯한 착각에 빠진 이들이 있다. 이는 분명 악한 일임에도 너무 일상적이어서 평범해 보이기까지 한다. 기도와 말씀으로 자신을 돌아보지 않는 일상은 자칫 다른 이에게 폭력이 될 수 있다.

십대는 일상화된 악과 흔해서 평범해진 폭력 사이에서 가해자와 피해자의 역할을 바꿔 가며 살아가고 있다. 악을 이기고 서로 화목할 수 있는 방법은 결국 예수님께서 베풀어 주신 십자가의 사랑밖에는 없다. 그분의 사랑에 기댈 수 있을 때에만 원수를 사랑할 수 있고, 나를 괴롭힌 이를 용서할 수 있으며, 모든 사람과 화목할 수 있다.

탕부 하나님의 가성비

"여기 가성비 완전 대박이에요!"

아이들에게 이끌려 온 곳은 골목 안쪽의 허름한 중국집이었다. 얼마나 자랑을 하는지 못 이기는 척하고 그들이 원하는 메뉴를 시켰다. 엄청나게 많은 양의 짜장면과 짬뽕, 그리고 새콤달콤한 소스가 따로 나오는 탕수육이 나왔다. 여느 중국집에서나 볼 수 있는 조합에 조금 실망했는데, 아이들은 빨리 식사기도를 하라고 아우성이었다.

"엄청 맛있죠? 이 근처에서 이렇게 맛있는 중국집은 여기밖에 없어요!"

확신에 찬 눈으로 동의를 강요하는 아이들은 이미 다 먹어 소스만 묻어 있는 자신의 짜장면 그릇과 아직 짬뽕이 많이 남은 내 그릇을 번갈아 보고 있었다. 조용히 짬뽕을 밀어주자, 곧 입이 터져라 짬뽕 면을 밀어 넣는 아이를 보며 웃음이 났다.

십대에게 가장 맛있는 음식은 싼 가격에 배불리 먹을 수 있는 '가성비'가 좋은 음식이다. 십대는 가성비가 좋은 곳만 간다. 즉 '가성비'를 좇는다. 하지만 자신들에게 매력적인 무언가를 발견하면 '가성비의 원리'는 사라진다. 오늘도 십대는 가성비를 넘어선 또 다른 만족을 추구한다.

십대는 '굿즈 goods'에 환호한다. 굿즈란 특정 브랜드나 연예인 등이 출시하는 기획 상품으로, 드라마, 애니메이션, 팬클럽 등과 관련된 상품을 말한다. 요즘 들어 여러 연예인들이 자신과 관련한 물건을 만들어 SNS에서 높은 가격에 판매하는 것을 종종 보게 된다. 이러한 소비는 다양한 형태로 십대를 중심으로 퍼져 나가고 있다. 이처럼 때로는 가성비와 상관없이 친구들 사이에서 인싸로 자리매김하기 위한 소비가 나타나기도 한다.

우리가 잘 아는 예수님의 비유 중 이른바 탕자의 비유가 있다.

> "그 둘째가 아버지에게 말하되 아버지여 재산 중에서 내게 돌아올 분깃을 내게 주소서 하는지라 아버지가 그 살림을 각각 나눠 주었더니 그 후 며칠이 안 되어 둘째 아들이 재물을 다 모아 가지고 먼 나라에 가 거기서 허

랑방탕하여 그 재산을 낭비하더니"(눅 15:12~13)

둘째 아들(탕자)은 아버지의 재산을 허랑방탕하게 사용했다. 흔히 '탕자'로 번역되는 문구의 형용사 '프로디걸prodigal'은 '제멋대로 군다'는 뜻이 아니라 '무모할 정도로 씀씀이가 헤프다'라는 뜻이다. 이를 통해 일반적으로는 둘째 아들이 아버지의 재산을 무모하고 헤프게 썼다고 생각한다. 하지만 정작 무모하고 헤프게 돈을 쓴 이는 둘째가 아니라 아버지이다. 어느 작가의 말처럼 이 비유는 탕자의 비유가 아니라 탕부의 비유가 되어야 맞다.

"우리가 아직 죄인 되었을 때에 그리스도께서 우리를 위하여 죽으심으로 하나님께서 우리에 대한 자기의 사랑을 확증하셨느니라"(롬 5:8)

십대에게 하나님은 탕부이시다. 십대는 자신들을 향한, 하나님의 무모할 정도로 위대한 사랑을 깨달아야 한다. 하나님께서는 십대를 결코 숫자로 보지 않으신다. 십대를 가성비로 비교하지 않으신다. 있는 모습 그대로 주님께 돌아오기를 소망하시며 그들에게 모든 사랑을 쏟아부으신다. 그리고 기다리신다.

거룩한 호구

"저는 호구인 것 같아요."

가끔씩 억울한 표정으로 이렇게 말하는 아이들을 만난다.

"친구들이 이것저것 빌려 달라고 해요. 그런데 알거든요. 걔들은 돌려주지 않을 거예요."

그럴 땐 단호하게 거절하는 것도 필요하다고 이야기해 준다.

"하지만 이상하게 거절을 못 하겠어요. 거절하려고 해 봤는데 마음이 더 힘들더라고요. 그래서 그냥 빌려줘요. 저 호구 맞죠?"

'호구'는 어리숙해서 이용하기 좋은 사람을 일컫는 말이다. 그런데 이런 십대 호구가 생각보다 꽤 많다. 자신을 '호구'

라고 생각하는 아이들은 지금도 힘들지만 앞으로도 계속 호구로 살게 될까 봐 불안하다.

오늘도 다른 사람의 요구에 '거절'이 어려운 십대들이 있다. 그들은 자신의 호구 짓이 너무나도 거북하다.

러시아의 대문호인 톨스토이Tolstoy는 그의 소설을 통해서 호구를 한 명 소개한다. 바로 바보 '이반'이다. 옛날 어느 마을에 삼 형제가 살았는데, 막내가 이반이었다. 그는 형들과 주변 사람들의 요청에 언제나 자신의 것을 내어주는, 아니 빼앗기는 바보 농부였다. 사람들은 그의 것을 빼앗는 것을 당연하게 여겼다. 그는 호구가 분명했다. 하지만 이반은 마지막까지 자신의 것을 나눠 줌으로 왕이 되었고, 형제 모두가 왕이 되게 했다. 호구인 이반에게는 뭔가 특별한 것이 있었다.

와튼 스쿨의 조직심리학 교수인 애덤 그랜트Adam Grant는 그의 책 『기브 앤 테이크』에서 타인을 위해 베풀고, 양보하고, 헌신하는 행위가 어떻게 성공으로 연결되는지를 설명한다. 그는 사람을 세 가지 유형으로 나누는데, 받는 것보다 주기를 좋아하는 기버Giver, 주는 것보다 더 많이 받기를 원하는 테이커Taker, 받은 만큼 되돌려주는 매처Matcher다. 그리고 기버Giver를 '호구'로 표현한다. 그는 기버가 호구임을 입증하기 위해, 그들은 이기적인 사람보다 수입이 평균 14% 적고, 사기 등 범죄 피해자가 될 위험이 두 배 높으며, 실력과 영향력이 22% 낮게 평가받는다는 조사 결과를 언급한다.

그런데 여기서 끝이 아니다. 그는 곧이어 정보 기술의 발달로 우리는 서로 연결되어 있으며, 베푸는 자의 평판이 효과를 보는 데 걸리는 시간이 짧아지고 있다고 주장한다. 이 지점에서 '호구'는 다시 '베푸는 자'로 표현되고, 이렇게 베푸는 자Giver들의 진가가 드러나는 시대가 왔다고 그는 목소리를 높인다. 기버Giver는 그들의 삶으로 타인만이 아니라 자신까지도 성공하게 만들고 있다.

> "또 누구든지 너로 억지로 오 리를 가게 하거든 그 사람과 십 리를 동행하고 네게 구하는 자에게 주며 네게 꾸고자 하는 자에게 거절하지 말라"(마 5:41~42)

예수님께서는 산상수훈을 통해 '팔복'을 말씀하셨다. 이는 곧 십대 그리스도인이 가져야 할 삶의 자세이다. 그런데 이 말씀을 가만히 살펴보면, 호구의 삶을 묘사하는 듯하다. 사람들의 요청보다 더 많은 것을 내어 주는 '바보 이반'과 같은 삶이기 때문이다. 그래서 불편하다. 하지만 말씀을 자세히 보면 알 수 있다. 십대 그리스도인은 '십 리'를 갈 수 있는 능력이 있고, '누군가에게 뭔가'를 줄 수 있는 복을 받은 자라는 것을 말이다.

"그러므로 무엇이든지 남에게 대접을 받고자 하는 대로 너희도 남을 대접하라 이것이 율법이요 선지자니라"(마 7:12)

다른 사람의 요청을 거절해도 될까? 물론 거절할 수도 있다. 하지만 그리스도인이 되었다는 것은, 타인의 요청에 앞서 먼저 그들을 향한 섬김과 나눔의 주도권을 가지게 되었다는 의미이다. 성경의 황금률로 불리는 이 말씀은 '타인에게 대접을 받는' 것이 아니라 '타인을 대접하는' 것이 핵심이다. 다시 말해 그리스도인은 먼저 타인을 섬길 수 있는 거룩한 능력자라는 것이다. 내 선행을 타인이 거부하는 것을 거절하는 것, 그것이 서로 왕이 되는 방법이다. 미안한 마음에 내 도움을 거절하는 타인의 거부를 거부할 때, 그곳이 하나님의 나라가 될 것이다. 나는 오늘도 십대들과 함께 거룩한 호구가 되기로 작정한다.

그릿
GRIT

"목사님, 성적에 맞춰 대학을 가야 할까요? 아니면 제가 가고 싶은 과에 진학해야 할까요?"

부모님과 함께 찾아온 아이는 많이 힘들었는지 자신감을 잃은 상태였다.

"저는 방송 쪽 직업을 갖고 싶은데 그것과 관계된 학과는 점수가 너무 높아요. 어떻게 해야 할까요?"

씩씩하게 혼자 찾아온 십대가 마지막 질문을 하며 고개를 떨궜다. 그러고는 준비를 많이 하지 못한 자신을 질책하며 눈물을 흘렸다.

진로는 중학생이나 고등학생 모두에게 중요한 영역이다. 그래서 많은 학생들이 열심히 공부를 하며 스펙 쌓기에 열중

한다. 그리고 '스펙'이란 것이 때로는 부모님의 재력과 연결되어 '수저론'을 만들기도 한다. 하지만 어떤 수저이든지 진로 앞에서 무력해지지 않는 십대는 없다. 미래는 생각보다 두렵다.

교회도 개인의 능력을 '달란트'라고 말하며, 십대에게 세상과 다르지 않은 것을 요구하고 있는 것은 아닐까? 잘하는 것과 좋아하는 것이 하나님께서 내게 주신 길이라고 믿기에, 오히려 다른 길은 두려워하게 만드는 것이 아닐까? 오늘도 십대는, 누가 정해 놓은 것인지도 모르는 목적지에 넘어지지 않고 빨리 도착하는 것이 '성공'이라고 믿는다.

미국 펜실베이니아대학교 심리학과 교수인 엔젤라 더크워스는 학생들의 성적과 성공한 사람들의 능력의 원인을 IQ나 부모의 재력이 아닌 '그릿'(Growth, Resilience, Intrinsic Motivation, Tenacity, 성장, 회복력, 내재적 동기, 끈기)에서 찾는다. '그릿'이란, 목표를 향해 오래 나아갈 수 있는 열정과 끈기를 의미한다. 이것은 근면함이나 노력과는 조금 다르다. 그릿은 마음의 근력이고 자신에 대한 믿음이다. 스탠퍼드대학교 캐럴 드웩 박사는 학습 능력은 타고나거나 고정된 것이 아니며, 노력에 의해 바뀔 수 있다는 믿음이 마음의 근력을 키운다고 이야기한다.

십대는 장래에 대한 어떤 결정을 내리는 것이 두렵다. 자신의 선택이 자신을 실패의 구덩이로 밀어 넣어 버릴지도 모른다는 불안함에 다른 이에게 선택을 미루고 있을지도 모른다. 하지만 인생에 '실패'란 없다. 그저 모두 하나님께서 주신 '삶'이다.

"모세가 이르되 오 주여 보낼 만한 자를 보내소서"(출 4:13)

이스라엘의 구원자인 모세는 왕자의 신분이었을 때 살인자가 되어 광야로 도망쳤다. 그리고 이스라엘의 구원을 위해 자신을 부르신 하나님 앞에서 자신이 실패자임을 고백했다. 그러나 하나님께서는 그를 끝까지 격려하셨다. 잘못된 선택으로 파멸된 삶을 살던 모세는 자기를 자신보다 더 사랑하고 믿어 주시는 하나님을 만났다.

"그들이 조반 먹은 후에 예수께서 시몬 베드로에게 이르시되 요한의 아들 시몬아 네가 이 사람들보다 나를 더 사랑하느냐 하시니 이르되 주님 그러하나이다 내가 주님을 사랑하는 줄 주님께서 아시나이다 이르시되 내 어린 양을 먹이라 하시고"(요 21:15)

베드로는 예수님과 3년을 함께했다. 예수님께서 행하신

일들을 두 눈으로 보았으며, 예수님을 '하나님의 아들'로 믿고 고백했다. 하지만 예수님의 십자가 앞에서 그는 실패했다. 예수님을 부인하고 도망쳤다. 예수님께서는 부활하셔서 제자들을 찾아오셨고, 실패한 베드로에게 예수님의 마음을 이야기해 주셨다. 주님께서는 베드로를 끝까지 믿으셨다.

"여호와의 말씀이니라 너희를 향한 나의 생각을 내가 아나니 평안이요 재앙이 아니니라 너희에게 미래와 희망을 주는 것이니라"(렘 29:11)

오늘도 주님께서는 십대에게 찾아오셔서 자신의 사랑과 믿음을 말씀하신다. 십대가 그 말씀에 힘입어 마음의 근력을 키우고, 하나님 나라를 확장해 가기를 원하신다.

야심이
소명으로 바뀔 때

요즘 초등학생들에게 장래 희망을 물으면 거의 대부분 아이돌, 유튜버라고 대답한다고 한다. 배고픔을 모면하기 위해 억지로 일하던 세대는 소멸됐다. 조직과 사회를 위해서 개인의 삶을 포기하고 헌신하는 것을 어리석게 여기는 세대가 탄생했다. 이제 십대는 기존 문화의 소비자 정도가 아니라 스스로 새로운 문화를 창조해 세상에 선보이고 있다. 국민 조카, 여동생을 만들어내는 아이돌이 그중 하나다. 그들이 창조한 문화는 그들의 욕구와 갈망과 정확하게 맞닿아 있다. 십대는 사이버 세상에서 자신들의 욕구를 자신들의 가치로 환원시켜 나가고 있다.

미국의 심리학자 매슬로A. H. Maslow는, 인간은 다양한 욕구가 단계적으로 발전해 나가며 정신의 성장을 이룬다고 주장했다. 그의 이론에 따르면 인간의 욕구는 총 5단계로, 1단계는 생리적 욕구, 2단계는 안전의 욕구, 3단계는 사회 귀속의 욕구, 4단계는 존중의 욕구, 5단계는 자아실현 욕구이다.

그는 이 이론에서 하위 단계의 욕구가 충족되어야 상위 단계의 욕구가 발생한다고 주장했다. 다시 말해, 1단계 '생리적 욕구'가 충족되어야만 2단계 '안전의 욕구'가 발생한다는 것이다. 하지만 이 인간 욕구의 5단계 이론은 매슬로 자신에 의해서 수정되었다. 그는 나중에 인생 최고의 경험을 '자기 초월', 즉 자아보다 더 높은 수준의 삶에서 찾음으로써, 최고 수준의 욕구라고 말했던 '자아실현'이 사실은 가장 기본적인 욕구라고 이야기했다.

십대 그리고 십대와 닮은 사람들은 더 이상 먹기 위해 살지 않는다. 그들은 사회가 주입하는 꿈을 꾸기보다는 '소확행'(소소하지만 확실한 행복)을 추구하며, 자신의 꿈을 찾아 SNS로 떠나고 있다. 십대는 '야망'을 갈망한다.

> "다메섹 여러 회당에 가져갈 공문을 청하니 이는 만일 그 도를 따르는 사람을 만나면 남녀를 막론하고 결박하여 예루살렘으로 잡아오려 함이라"(행 9:2)

사울의 욕구는 명확하고 강렬했다. 예수님을 따르는 무리를 향한 그의 적개심은 누구도 막을 수 없었다. 사울은 그 무리가 사라지는 세상을 열망했다. 그리고 그런 세상을 위해서 다른 사람을 해칠 수 있는 권리를 요청했다.

사도행전 9장에는 사울이 본격적으로 자신의 열망을 이루기 위해 여행을 떠나는 모습이 그려진다. 그는 예수님을 따르는 이들을 없애는 것이 자신에게 주어진 권리이며, 다메섹에 있는 예수님의 제자들에게 이 권리를 행사하면 자신이 꿈꾸는 세상이 오리라 믿었다. 누군가를 가두고, 누군가를 미워하고, 누군가를 없애서 만든 세상이 과연 그가 꿈꾸는 세상일까?

사울은 다메섹으로 가던 중에 예수님을 만났고, 그 만남은 사울의 가슴에 이전과는 전혀 다른 열망을 불어넣었다. 그는 그토록 없애기를 원했던 이들과 함께하기를 소망하며, 그런 사람들로 가득한 세상을 꿈꾸기 시작했다. 그리고 자신의 권리를 내세우는 것이 아니라 자신의 권리를 포기하는 것을 그의 삶을 통해 보여 주었다. 그는 성경 여러 곳에서 하나님으로 채워지는 삶의 가치와 기쁨을 고백한다.

"우리가 살아도 주를 위하여 살고 죽어도 주를 위하여 죽나니 그러므로 사나 죽으나 우리가 주의 것이로다"(롬 14:8)

Boys, Be Ambitious! 태어나서 처음 들은 영어 격언이었다. 하지만 '꿈꾸는 십대'보다 훨씬 더 중요한 것이 있다. 이 세상을 복 주시기 위해 사랑하는 아들 안에서 우리에게 다가오시고, 지금도 성령님을 통해 우리 안에 온갖 선물을 베푸시는 하나님을 알고, 믿고, 사랑하며 따르는 것이다. 이 하나님을 만나 경배하고 인격적으로 사귀게 되면, 날마다 숨 쉬는 모든 순간이 온전한 자기실현의 시간이 된다. 야심을 버리고 소명으로 갈아타라.

실망을
업사이클링 하는 십자가

"엄마가 저보다 언니를 좋아해요. 언니는 착하고, 쓸데없는데 돈도 잘 안 쓰기 때문이죠. 그런데 전 엄마의 태도에 많은 상처를 받았어요. 그래서 하루는 용기를 내서 엄마에게 말했어요. 그랬더니 '너랑 언니랑 어떻게 같아!'라고 하시는데 너무 서러워서 펑펑 울었어요." 〈여중생 A의 편지 중에서〉

"최근 몇 개월 동안 방황 아닌 방황을 한 것 같아요. 모두에게 친절했지만 정작 제 자신에게는 친절하지 않았고, 스스로를 소중하게 생각하지 않았고, 제가 베푸는 친절만큼 사람들은 저를 따뜻하게 대해 주지도 않았거든요. 물론 그것을 바라지는 않아요. 저는 저에게 실망했었나 봐요." 〈여고생 B의 편지 중에서〉

이 편지의 주인공들은 이제 더 이상 십대가 아니다. 그러나 이들은 그때나 지금이나 자신과 사람들에게 실망 중이다. 아빠와 결혼하겠다고 새끼손가락을 걸며 약속하던 작은 천사는 사라졌다. 엄마를 영원히 지키겠다던 꼬마 보디가드는 온데간데없다. 그들이 있던 자리엔 자신과 주변 사람들에게 실망한 자들이 나타났다. 십대는 지금 '실망'이라는 터널을 지나고 있다.

우울한 사람의 전두엽은 부정적인 사고로 가득하고, 중독에 빠진 사람들의 전두엽은 기능이 현저하게 떨어진다고 한다. 십대들의 전두엽도 아직은 미성숙하다. 그래서 갑작스러운 감정 기복을 경험한다.

긍정의 심리학을 주창한 미국의 심리학자 마틴 셀리그만은 동물 실험을 통해 '학습된 무기력 Learned helplessness'을 소개한 적이 있다. 이 상태에 빠진 사람은 '난 무능력하니까 뭘 해도 안 된다'라는 일종의 체념과 무력감이 몸에 배어, 실망과 포기를 반복하며 다시 도전하지 못하게 된다는 것이다.

십대들은 자주 스스로에게 실망한다. 그리고 자신이 의지했던 어른들에게도 실망한다. 이는 아직 완성되지 않은 뇌의 문제이기도 하고, 사회적 문제와 구조적 어려움으로 인한 무력감을 십대에게 떠넘기는 어른들의 잘못이기도 하다.

어느 날 성경에서 마귀에게 시험을 받으시는 예수님에

관해 읽다가 소스라치게 놀란 적이 있다. 마귀는 이 땅에 하나님 나라를 건설하기 시작하시려는 예수님에게 다가와 그를 시험하는데, 그 요구가 십대들이 예수님께 요청하는 것과 매우 비슷하다는 사실 때문이었다. (십대뿐이겠는가마는.)

"한 번만 보여 주세요."

"하나님이신 당신의 능력을 나타내 주세요."

"제가 다른 것을 선택하지 못하도록 위대하고 대단한 것을 보여 주세요."

주님께서는 십자가를 지신 채 이런 극한을 요청하는 십대들을 묵묵히 사랑하신다.

필립 얀시는 『내가 알지 못했던 예수』에서 이렇게 말했다. "왜 하나님은 의를 위해 복수하기보다는 의가 성장하도록 기다리는, 느리고 달갑지 않은 방식에 만족하시는 것일까? 그게 바로 사랑이기 때문이다. 사랑은 그 자체에 능력이 있다. 궁극적으로 사람의 마음을 정복하는 가장 유일한 방법 말이다."

십대들은 오늘도 실망한다. 세상이 나를 알아주지 않고, 내가 원하는 일은 너무 느리다. 그렇기에 영웅을 기다린다. 하지만 예수님께서는 영화의 슈퍼 히어로처럼 나를 데리고 날지는 않으신다. 그러나 여전히 우리와 함께, 항상 십대들의 곁에 계신다. 우리의 영웅은 항상 옆에 있었다.

나를 비추는 거울에
김이 서렸다

어제까지만 해도 십대들은 한 해의 마지막 앞에서 이루지 못한 일들로 괴로워했다. 그리고 하루가 지난 새해 첫날, 그들은 모든 허물을 벗고 새로운 사람이 된다. 그렇게 새해마다 십대의 결심은 차고 넘쳐 한 해의 첫 번째 태양과 함께 뜬다.

"새해에는 평균 10점을 올릴 거예요."

"새해에는 반드시 5kg을 뺄 거예요."

지난해와 다르게 살기 위한 십대의 처절한 갈망은 다이어트와 새로운 화장법으로 이어지고, 엄마를 졸라 새롭게 장만한 옷과 신발은 그들의 기대를 한껏 부풀게 한다. 십대는 다른 사람에게 주목받는 것을 은밀하게 기대한다. 그리고 어릴 때 읽었던 동화를 기억하며 동화 속 '주인공'을 꿈꾼다. 욕실 거울에 비친 십대의 모습은 꽤나 만족스러운가 보다. 예나 지금이나 십대들은 거울 앞에서 자신의 얼굴을 비춰 보며 자기애에 빠져든다.

1900년대 심리학자 에릭 에릭슨Erik Erikson은 청소년은 그 시기에 '자아 정체감'을 형성하며, 자기 존재에 대한 새로운 경험과 탐색을 시작한다고 말했다. 십대는 자신의 정체성을 찾을 수 있는 능력을 가지고 있다. 그 능력으로 자신의 정체성을 찾기 위해 탐험을 시작한다.

"오지고요, 지리고요!"

십대들이 사용하는 '급식체'라는 언어에 사람들의 반응이 뜨겁다. 급식체는 급식을 먹는 세대인 중·고등학생의 은어를 일컫는 말이다. 십대들은 긴 문장에서 단어를 생략하거나 앞 글자만 따서 쓰는 줄임말을 즐겨 사용한다. 또 몇 개의 단어를 조합해 새로운 말을 만들어 내기도 한다. 급식체는 십대가 만들어 낸 그들만의 언어이다.

이 밖에도 다양한 십대의 일상 용어가 다른 세대의 주목을 받고 있다. 십대는 그들이 사용하는 용어로 그들의 존재감을 드러낸다. 이렇듯 십대는 자신들의 눈, 코, 입 등 모든 감각 기관을 사용하여 그들만의 정체성, '자아 정체감'을 찾아 모험을 시도하는 중이다.

하나님께서는 성경을 통해 모든 사람에게 '사랑한다' 말씀하시고, 특히 십대에게 '꿈'을 주신다. 그리고 그 꿈을 응원하시고 격려하시며, 그것을 이뤄 내는 능력까지도 허락하신다.

> "사무엘이 기름 뿔병을 가져다가 그의 형제 중에서 그에게 부었더니 이날 이후로 다윗이 여호와의 영에게 크게 감동되니라"(삼상 16:13a)

다윗이 사무엘에게 왕의 기름 부음을 받았을 때, 그는 십대였다. 하나님께서는 다윗이 십대였을 때 찾아오셨고, 왕의 기름을 부어주셨다. 하나님께서는 하나님을 떠난 사울 왕 대신 다윗을 이스라엘의 2대 왕으로 세우셨다.

진정한 정체성은 성경에 기록된 약속의 말씀 속에서 찾을 수 있다. 그동안 십대는 김이 서려 제대로 보이지 않는 거울을 통해 자신을 비춰 보며 자기애에 빠졌다. 하지만 이제는 성경으로 자신을 비춰 봐야 한다. 세상과 주변 사람들을 의식하다 보면 자신의 진정한 정체성을 찾기 어렵다. 정체성에 대해 명확하게 언급하시는 하나님의 말씀을 보며 그 속에서 자신의 자아 정체성을 찾아가야 한다.

멍때림의 영성

"집중을 잘 못하겠어요. 자꾸 멍때리다가 시간이 다 가요."

자신의 성적이 좋지 않다고 말하는 십대가 그 원인을 '멍때림'으로 스스로 진단하고 찾아왔다. 책상에 오랜 시간 앉아 있지만 전혀 집중할 수 없는 아이는 또다시 생각의 바다 속으로 여행을 떠났다.

"저는 딴생각을 너무 많이 해요."

"공부만 하려고 하면 생각이 생각을 낳고, 그 생각이 다시 다른 생각으로 이어져서 시간이 너무 빨리 가요. 그래서 정작 해야 할 공부는 전혀 할 수가 없어요."

특별히 중요한 것을 할 때면 멍때림의 파도가 더 거대하게 휘몰아친다. 오늘도 십대들은 책상에서 생각의 깊은 바다에 빠져 둥실둥실 떠다니고 있다.

'2024년 멍때리기 대회'가 한강에서 열렸다. '뇌를 쉬게 하자'라는 취지로 시작된 대회는 매년 참가자가 늘고 있다. 그뿐 아니라 요즘은 여러 기업에서도 아이디어를 빌려 유사한 대회를 열고 있다고 한다. 복잡한 세상 속에서 진정한 쉼을 갈망하는 현대인이 많은 탓이 아닐까?

뇌는 어찌 보면 조그만 마을과 같다. 마을 사람들은 그냥 서성거리기도 하고 자기의 할 일을 한다. 축구 경기 같은 큰 행사가 벌어져 사람들이 우르르 경기장으로 모여들면, 마을의 나머지 부분은 조용해진다. 인간의 뇌는 마음의 집중 상태와 방황 상태를 오간다. 재미있는 것은 창의력이 '딴생각'(마음의 방랑 상태)에서 나온다는 사실! 다음 세대의 리더로서 갖춰야 할 덕목인 창의력이 '딴생각과 멍때림'에서 나온다는 것이다.

아무 생각도 하지 않을 때 어떻게 아이디어가 떠오를 수 있을까? 미국의 뇌과학자 마커스 라이클은 뇌가 활동하지 않을 때 작동하는 뇌의 특정 부위를 '디폴트 모드 네트워크 Default mode network; DMN'라고 불렀다. 컴퓨터를 리셋하면 초기 설정default으로 돌아가는 것처럼, 아무 생각도 하지 않을 때 뇌의 특정 영역인 DMN이 오히려 활성화되는 것이다.

진정한 쉼을 찾아 떠나는 '멍때림', 새로운 혁신과 미래를 향한 '딴생각'은 분주한 세상에서 가장 복잡한 감정으로 살아가는 십대에게 꼭 필요해 보인다. 하지만 현실에서는 멍때리거나 딴생각을 하는 시간은 여전히 십대에게 죄책감을 준다.

> "또 지나가시다가 알패오의 아들 레위가 세관에 앉아 있는 것을 보시고 그에게 이르시되 나를 따르라 하시니 일어나 따르니라"(막 2:14)

세리 레위는 의자에 앉아서 멍때리고 있었다. 자신의 직업과 신앙이 일치될 수 없는 이중적인 삶으로 인해 그는 고통스러웠을 것이다. 그리고 그러한 후회와 고뇌를 의식 저편으로 숨겨야만 평안을 얻을 수 있었을 것이다. 멍때려야만 피할 수 있는 후회와 고뇌가 분명히 있다. 그에게는 진정한 쉼이 필요했다.

하지만 아무리 많은 잠을 자도 해결할 수 없는 피로가 있다. 좋은 음식과 약으로도 회복되지 않는 극단적 탈진 상태가 있다. 사람들은 멍때리기 대회로, 또는 생각을 비우는 명상 수업으로 자신 안에 있는 피로를 비우기 위해 애쓴다.

하지만 성경은 채우라고 한다. 멍때림으로 자신의 후회와 고뇌를 지우려고 했던 레위에게 진정으로 필요한 것은 예수님으로 자신을 채우는 것이었다. 그를 채워주기 위해 예수님은 따라오라고 하셨다.

    멍때리는 십대여, 이제 주님을 묵상하며 빈 내면을 채우고, 기도함으로 주님과 대화하며 진정한 쉼을 누리자.

십대 마음에
예수님 꽃이 피었습니다

"목사님, 저는 잘 태어난 걸까요?"

"저는 아무짝에도 쓸모가 없는 것 같아요."

부모님의 잦은 부부 싸움과 별거, 이혼 사이에서 혼란스러워하던 아이가 편지로 자신의 마음을 전한 적이 있다. 모든 불행과 시련의 원인이 마치 자신의 존재 때문이라고 여긴 이 아이의 상처는 비단 이 아이만의 것은 아니었다. 비슷한 또래의 많은 십대가 이러한 상처를 안고 있기에 가슴이 저리고 안타까웠다.

어른들의 잘못을 자신의 잘못으로 여기며 힘겹게 살아가는 아이들은 자신의 삶을 마치 쓰레기가 잔뜩 쌓여 있는 더럽고 냄새 나는 쓰레기장으로 묘사하곤 한다. 이 아이들은 고통이라는 술래에게 잡혀 꼼짝달싹하지 못하며 어둠 속에서 절망의 한숨을 내쉬고 있다.

한강에 난지도라는 섬이 있었다. 조선 시대에는 꽃이 피어 있는 섬이라고 해서 '중초도'라고 불렀다. 그러나 꽃이 피어 있던 섬은 어느 날 갑자기 쓰레기 섬이 되어 버렸다. 1973년 서울의 모든 쓰레기를 이 섬에 버리기로 결정한 것이다. 이후 이 섬에는 쓰레기로 만들어진 작은 산들이 생겨났고, 곧 이 섬은 쓰레기 성이 되었다. 정확히 말하면 1973년부터 1993년까지 매일 쓰레기가 쌓이며 무게 약 1만 톤, 높이 약 100m, 넓이 8만 평의 거대한 쓰레기 더미가 형성되었다. 섬은 침전수와 악취, 파리 떼가 들끓는 '아골 골짜기'가 되어 버렸다.

누구도 그곳에서 꿈을 꾸거나 소망을 노래하는 사람은 없었다. 하지만 생각지도 못한 일이 일어났다. 그 거대한 쓰레기 섬에 누군가 꽃을 심기로 결정한 것이다. 그리고 얼마 지나지 않아 그곳에 공원이 생겼다. 하늘과 닮아서인지 이름도 '하늘'이었다. 2002년 한일 월드컵과 함께, 5월 1일에 그 공원이 사람들에게 개방되었다. 쓰레기로 버려진 죽음의 땅에 꽃을 심어 그곳은 생명의 공원이 되었고, 이제 십대들과 동일한 나이가 되었다.

청소년 사역을 하면서 누군가가 아이들의 삶에 생명의

꽃을 심었고, 도무지 빠져나올 수 없는 듯 보이는 죽음의 아골 골짜기 같은 곳에서 그 꽃이 피어나는 일을 숱하게 목격했다. 한두 송이가 아니라 수많은 꽃이 아이들의 삶을 덮어 공원을 이루는 모습은 정말 무엇과도 비교할 수 없는 장관이었다. 죽어가던 영혼의 삶에 하나님께서는 예수님을 통해 생명을 주셨다. 이 아이의 삶은 예수님을 닮아 아름다운 공원이 되었다.

> "우리가 아직 죄인 되었을 때에 그리스도께서 우리를 위하여 죽으심으로 하나님께서 우리에 대한 자기의 사랑을 확증하셨느니라"(롬 5:8)

누구도 꽃을 심으려고 하지 않는 십대들의 삶에 하나님께서는 '예수님'이라는 꽃을 심으셨다. 그리고 예수님께서는 '하나님의 사랑 고백'이라는 꽃말로 피어나신다. 십대들은 이제 자유롭게 움직일 수 있다.

"예수님 꽃이 피었습니다."

내가 왜 이러는지 몰라,
십대 마음 톺아보는
심리학

뇌가
달라졌어요

"목사님! 저희 아이가 예수님이 안 믿어진대요."

한 교인 어머니가 아들을 데리고 나타났다. 사연을 들어 보니, 모태신앙인 아들이 예수님이 믿어지지 않는다며 교회에 가기 싫다고 말한 것이었다. 아이는 자신의 불신앙을 확신했다.

"그렇구나. 그럼 어떻게 하면 예수님을 믿을 수 있겠니?"

아이는 예수님이 느껴지지 않기 때문에 예수님을 믿을 수 없다고 다부지게 이야기했다.

"그래? 다행이다! 아까 다른 아이는 예수님을 보여 주면 믿겠다고 했거든."

예수님을 봐야만 믿겠다고 하는 아이도, 예수님이 마음

으로 느껴져서 눈물이 나야만 믿겠다는 아이도, 예수님을 향한 자신의 믿음을 의심한다. 그들의 믿음은 보는 것과 느낌으로 구성되어 있다. 오늘도 십대는 보는 것과 느껴지는 것을 온전히 의지하고 싶어한다.

벌써 옛날 이야기가 되었지만, 통계청 여성가족부가 실시한 〈청소년 통계〉(2019) 조사에 따르면, 스마트폰 과의존 비율은 2017년(30.3%)보다 2018년(29.3%)에 미세하게 줄었다고 한다. 하지만 스마트폰을 과하게 사용하는 십대의 비율은 여전히 매우 높다. 스마트폰 없이 생활하는 것이 거의 불가능할 정도다. 십대가 스마트폰으로 이용하는 주된 콘텐츠는 '게임'(95.8%), '영화, TV, 동영상'(95.7%), '메신저'(94.6%) 등이다. 그중 중·고등학생이 게임을 이용하는 비율은 매우 높다.

KBS 프로그램 〈시사기획 창〉은 경기도 고양시의 한 혁신학교와 함께 중학생을 대상으로 3개월간 스마트폰 사용을 제한한 후, 인지와 정서, 가족 관계에 일어나는 변화를 설문과 뇌 이미지 촬영을 통해 알아보았다. 그 결과 이들의 뇌와 생활에 놀라운 변화가 일어난 것을 알게 되었다. 뇌 이미지 사진에서 자기 조절 능력과 충동 조절 능력이 향상되었으며, 작업 기억 working memory 능력이 효과적으로 상승한 것이 밝혀졌다. 또한 설문을 통해 주의집중력과 가족 간의 의사소통이 전보다 원활해진 것을 발견할 수 있었다. 스마트폰을 보지 않는 것만으로도 뇌가 달라질 수 있다는 말이다.

　보지 말아야 할 것을 보지 않기만 해도 십대는 달라진다. 그리고 그들을 통해 미래가 아름답게 달라질 수 있다. 십대는 또 다른 우리의 미래이기 때문이다.

"여자가 그 나무를 본즉 먹음직도 하고 보암직도 하고"
(창 3:6a)

　여자는 '선악을 알게 하는 나무의 열매'를 보았다. 하나님께서 유일하게 허락하시지 않은 '그 열매'가 자신들을 '하나님과 같이'(창 3:5a) 만들어 줄 것이라고 생각했다. 여자는 본 것에 의지했다. 그것은 분명 '보암직도 하고 먹음직'도 했다.

"내가 그들로 나 여호와를 의지하여 견고하게 하리니 그들이 내 이름으로 행하리라 나 여호와의 말이니라"(슥 10:12)

　십대는 보는 것을 의지한다. 하지만 성경은 보는 것을 의지하지 말고, 오직 영원하신 하나님의 말씀을 의지하라$_{rely}$고 말한다. 십대에게 가장 강한 의지$_{will}$는 오직 하나님의 말씀에 의지$_{rely}$하기로 하는 것이다. 이것이면 충분하다.

메타
인지

"이번 시험 망했어요! 기말고사 평균이 68점이에요. 이 성적으로 제 인생은 끝이에요!"

시험을 마치면 행복할 줄 알았는데, 이젠 시험 점수와 등수가 십대를 괴롭힌다.

"목사님, 목사님, 어떡하면 좋아요?"

아이는 절망감과 패배감으로 울음보가 터지기 직전이었다.

"국어를 망쳤어요. 두 문제나 틀렸거든요."

이 아이는 국어 시험에서 두 문제를 틀려 또 전교 2등이 되었다. 1989년에 상영된 영화 〈행복은 성적순이 아니잖아요〉의 대사가 머리에서 맴돌았다. 그로부터 꽤 오랜 시간이 흘렀지만, 여전히 십대 청소년들은 성적으로 인생이 망하기도 하고 흥하기도 한다. 성적은 십대의 행복(?) 기준이란다.

2014년에 EBS 교육 방송에서 〈학교란 무엇인가: 0.1퍼센트의 비밀〉이라는 제목의 프로그램이 방영되었다. 3천 개의 고등학교 가운데 전국 순위 1등부터 800등까지 학생들을 모아서 전국 0.1%의 비밀을 알아내기 위한 긴 여정을 시작했다. 과거에는 IQ 지수로 사람의 지능을 나누고 상위권과 하위권을 구분했으나, 지금은 IQ도 너무 옛말이 되어 이를 대체할 새로운 단어가 필요했나 보다.

그러다가 찾아낸 단어가 바로 '메타인지Metacognition'다. 메타인지란 내가 무엇을 알고 무엇을 모르는지에 대한 자기 인식을 말한다. 실제로 0.1%의 상위권 학생들은 이것을 잘 인식하고 이미 공부에 적용하여 실천하고 있었다. 하지만 이것을 인식하지 못하는 대다수의 학생들은 여전히 '메타인지'와 상관없는 99.9%에 속해 있다.

문제는 메타인지라는 단어 자체는 자신이 무엇을 알고 무엇을 모르는지에 대한 자기 인식과 관련된 것인데, 사람들은 이를 또다시 99.9%와 0.1%로 구분해 서로 비교하고 '우월감'을 느낀다는 것이다. 이제 메타인지는 IQ를 대신하게 되었다.

"가버나움에 이르러 집에 계실새 제자들에게 물으시되 너희가 길에서 서로 토론한 것이 무엇이냐 하시되… 이는 길에서 서로 누가 크냐 하고 쟁론하였음이라"(막 9:33~34)

1등이 되기 위한 논쟁, 내가 더 우월하다는 논쟁이 제자들 사이에도 있었다. 누가 더 큰지 자기들끼리 등수를 매긴다. 행여 자신이 상대보다 낮아질까 봐 목청을 높인다. 한편 율법에 관해서라면 상위 0.1%라는 우월감을 지녔던 바리새인들은 예수님을 십자가에 못 박았다. 예수님의 말씀처럼 그들은 자신들이 무슨 짓을 하고 있는지 알지 못했다(눅 23:34). 우월감은 제자들을 싸우게 하고 예수님을 못 박는다.

십대여, 예수님은 복음을 아는 자들이 내가 복음을 먼저 알았다거나 더 잘 안다는 '우월감'의 함정에 빠지길 원치 않으신다. 오직 복음에 대해 내가 아는 것과 모르는 것을 정확히 인식하는 '복음의 메타인지'를 원하신다. 이를 통해 우리가 잘 모르는 부분을 알고자 노력하고, 나아가 복음을 잘 모르는 이들에게 복음을 알리는 노력을 쏟길 바라신다. 주님은 복음을 알고 있는 사람들이 복음의 능력을 행함으로 믿음을 단단히 하고, 묵상으로 모르는 것을 깨닫기를 원하신다.

0.1%에 들어 남들 위에 군림하기 위해 집착하고 있는가,

아니면 자신과 다른 사람을 살리기 위해 수고하고 있는가? 결국 집착은 '후회'로 썩어질 것이고(갈 6:8), 수고는 '사랑'을 낳을 것이다(살전 1:3).

야수가 된 십대

프랑스 동화 가운데 『미녀와 야수』는 특별하고 사랑스러운 딸 '벨'이 아버지를 위해 자신을 야수에게 내어 준다는 감동적인 이야기다. 그 야수가 멋진 왕자님이라는 해피엔딩 앞에서 우리의 마음은 더욱 설렌다. 하지만 현실에서 아들과 딸인 십대는 미녀보다 야수에 가깝다.

"마음은 그렇지 않은데 자꾸 엄마한테 짜증을 내요!"

"게임을 그만하고 싶은데 이상하게 멈출 수가 없어요."

"좋지 않다는 걸 알아요. 하지만 아무리 끊으려고 해도 끊을 수가 없어요."

2002년 노벨 경제학상을 수상한 심리학자 대니얼 카너먼은 의사 결정을 하는 사람의 두뇌 속에는 두 가지 생각이 떠오른다고 했다. 한 가지는 빠른 생각, 다른 한 가지는 느린 생각으로, 본능적이고 처리 속도가 빠른 생각을 '시스템 1'이라고 하고, 자아를 성찰하는 느린 생각을 '시스템 2'라고 이름 지었다.

'시스템 1'인 빠른 생각은 자동적이고, 속도와 처리가 빠르다. 하지만 의식적으로 나타나는 것은 아니다. 예를 들면 화가 난 사람의 얼굴을 보고 감정을 알아채는 것, '1+3=4'라고 즉시 답을 내는 것 등이다.

'시스템 2'인 느린 생각은 인간에게만 있다. 처리 속도와 과정이 느리며 통제가 가능하고, 의식적이다. 쉽게 말하면, '4598×59879'라는 연산 문제를 풀거나 '김춘수의 꽃을 읽고 꽃의 의미를 설명해 보세요'라는 질문에 답하기 위해 시간과 수고를 들여 생각하는 것을 의미한다.

십대에게는 본능적이고 습관적으로 빠르게 반응하는 '시스템 1'이 더 익숙한 듯하다. 생각과 지성을 거부하는 십대는 시속 300km 이상으로 달려가는, 운전대 없는 F1 경주용 자동차와 유사하다. 빠르고 강력한 경주용 자동차처럼 습관적으로 튀어나오는 비속어와 의미 없이 내뱉는 말들은 삶을 황폐하게 만들고, 사람들과 좁힐 수 없는 거리를 두고 말았다.

결국 십대는 야수로 변해 버렸다. 그런 야수들을 변화시킬 미녀가 필요하다. 미녀의 심사 숙고, 느린 생각으로 인한 결론, 진정한 사랑의 고백이 필요한 것이다. 그 고백은 야수를 왕자로 만든다.

> "악하고 음란한 세대가 표적을 구하나 요나의 표적밖에는 보여 줄 표적이 없느니라 하시고 그들을 떠나가시니라"(마 16:4)

성경에는 그리스도인이 예수님을 기다리는 신부라고 묘사되어 있다. 신부가 신랑을 기대하고 만족해야 하는데, 신부가 신랑 대신 다른 것으로 만족하려 한다면, 이것은 음란한 것이다. 더욱 슬프고 안타까운 것은 십대도 이렇게 영적으로 음란한 세대라는 것이다.

예수님을 거부하는 세대의 지성과 생각은 마음을 완악하게 하고, 삶을 허망하게 만든다. 빠른 속도와 새로움을 갈망하는 세대, 기술로 기적을 대신하려 하고, 상대화로 진리를 덮으려고 시도하는 이 세대는 십대에게 진리와 희망과 사랑은 없고 절망이 가득한 미래를 강요한다. 이런 음란한 세대에게 예수님께서는 기도와 말씀 앞에서 생각을 요구하신다.

> "내가 말하는 것을 생각해 보라 주께서 범사에 네게 총명을 주시리라"(딤후 2:7)

사도 바울은 디모데에게 자신의 말을 생각하고 묵상할 것을 권한다. 특별히 이 구절에서 '생각'이란 단어는 진리를 알기 위해 열심히 찾고 연구하는 것을 의미한다. 그렇게 심사숙고할 때, 하나님께서 총명함과 깨달음, 지혜를 약속하신다.

'생각'을 시작해야 한다. 기도가 있는 생각, 찬양이 있는 생각, 말씀이 있는 생각, 사랑이 있는 생각, 소망이 있는 생각이 필요하다. 그리고 그 고민과 연구와 묵상이 십자가까지 나아가야 한다. 십자가에서 다시금 예수님을 만나야 한다.

여전히 십대들은 야수다. 이런 야수에게 예수님이 다가오셨다.

알고리즘에 빠지다

"추천 영상이 있어서 잠시 봤어요."

같이 이야기를 하던 십대가 갑자기 스마트폰을 들고 영상에 빠져들었다. 한참 영상을 보다가 무안했는지 괜한 변명을 한다.

"목사님, 이 영상 너무 재미있어요. 알 수 없는 추천 알고리즘으로 발견했어요."

이제 갓 중학교에 들어간 십대는 추천받은 영상을 자신이 좋아하는 목사님에게 보여 주고 싶었나 보다.

오늘날 십대는 더 이상 '검색 세대'가 아니다. 세상의 모든 기계와 물건을 추천하는 동영상 플랫폼이 십대를 사로잡았다. 여행과 영화까지도 동영상 플랫폼을 통해 시청하는 새로운 시대가 도래했다.

몇 년 전만 해도 피상적인 검색에 대한 경고가 있었지만, 이제는 검색하는 일조차 너무 옛것이 되어 버렸다. 어느 회사의 광고처럼 '초연결'을 통한 시대는 십대에게 깊은 생각이나 사색의 기회를 주지 않는다. 오늘날 십대는 '추천 알고리즘'으로 '사색'이란 단어를 잃어버렸다. 오직 보이는 것으로 충족한다.

마이크로소프트의 빌 게이츠는 약 30여 년 전인 1999년에 『빌게이츠 @ 생각의 속도』라는 책을 출간하면서 오늘날을 살아가는 현대인의 생각보다 훨씬 빠른 무엇인가를 이야기했다. 그리고 30여 년 전 그의 생각은 스마트폰이나 인터넷, AI(인공 지능)나 로봇으로 눈앞에 나타나기 시작했다.

4차 산업혁명이라는 말이 나오기 무섭게 수많은 기기가 인간의 생각보다 빠르게 나타나고, 인간의 생각을 대체하기 시작했다. 일반 물리학에서도 생각의 속도에 대한 관심이 크다.

『생각의 탄생』이라는 책에서 곤충학자 카를 폰 프리슈 Karl von Frisch는 인간의 관찰 능력은 그리 대단한 것이 아니라며, 단지 움직이지 않고 생물을 끊임없이 주시하는 힘이라고 말한다. 그의 말에 따르면 행인들이 보지 못하고 무신경하게 지나치는 순간, 세상은 참을성 많은 관찰자에게 그 놀라운 모습을 드러낸다는 것이다.

분명 이 시대에는 인간의 생각보다 빠른 반도체가 나타났고 기계가 등장했다. 그렇게 생각의 속도는 기술의 변화로 더욱 편리한 세상을 만들었다. 하지만 그것보다 더 중요한 것은 생각의 깊이로 인해 발견되는 세상이다. 십대는 생각의 속도로 변화에만 치우치는 것을 멈춰야 한다. 내 앞에 펼쳐진 세상을 끈질기게 주시하고 관찰하며 생각의 깊이를 더할 때, 그때에야 발견할 수 있는 세상이 있음을 알아야 한다.

> "그들이 서로 이야기하며 문의할 때에 예수께서 가까이 이르러 그들과 동행하시나 그들의 눈이 가리어져서 그인 줄 알아보지 못하거늘"(눅 24:15~16)

글로바와 다른 제자 한 명은 예루살렘에서 10km쯤 떨어진 엠마오로 가면서 할 이야기가 너무나도 많았다. 대부분은 십자가에서 죽으시고 3일 만에 다시 살아나신 예수님의 이야기였다. 두 사람은 누군가와 함께 걸으며 이야기를 나눴는데, 그들은 함께 걷고 계신 분이 누구인지 알아차리지 못했다.

분명 예수님께서는 십자가에서 죽으시기 전까지 여러 번 '부활'을 말씀하셨다. 그러나 제자들 중 누구도 그 말씀을 깊이 생각하지 못했다. 그들은 눈앞에서 빠르게 진행되는 사건

에만 집중해, 부활하신 주님에 대한 묵상도 관심도 말씀도 잃어버렸다. 분주함과 가십거리 속에 제자들은 살아나신 예수님을 발견하지 못했다.

'저물어 해 질 때'(막 1:32)까지 사람들은 모든 병자와 귀신 들린 자를 예수님께 데리고 왔다. 예수님께서는 그들을 고치시기 위해 밤이 늦도록 수고하셨다. 아마 많이 피곤하셨을 것이다. 그러나 예수님께서는 빠른 속도로 몰려오는 병자들과 사역의 분주함 가운데서도 이른 새벽 한적한 곳으로 가셔서 하나님과 대화하셨다.

예수님의 삶의 방식은 항상 그랬다. 빠른 속도로 진행되는 사역 속에서도 조용한 가운데 말씀을 깊이 묵상하며 하나님과 대화하셨다. 분주함 속에서 여전히 헤매고 있는 십대, 예수님처럼 생각의 깊이를 더하고 하나님과 소통해야 한다.

감정의 변화선

"깔깔깔!"

길을 걸어가던 십대 여자아이들이 갑자기 숨이 넘어가듯 웃기 시작했다. 지나가는 강아지의 무늬 때문이었다. 그렇다. 십대의 웃음에는 그리 큰 이유가 존재하지 않을 수 있다.

"우리 애는 '짜증 나'를 입에 달고 살아요. 웃으면서 이야기하다가 갑자기 화를 내며 자기 방으로 들어갈 때도 있고요. 도대체 왜 그런지 알 수가 없어요."

어머니가 정말 화가 나고 어이가 없었던 것은, 버럭 화를 내며 자기 방으로 들어간 아이가 휴대폰을 만지면서 언제 그랬냐는 듯이 신나게 춤을 추는 모습 때문이었다.

"친구들과 모여서 이야기하다가 갑자기 오열을 하는 거

예요. 간식 때문에 분위기가 좋았거든요. 도대체 어디에 장단을 맞춰야 할지 모르겠어요."

주일학교 모임에서 한 여학생이 갑작스럽게 울음을 터뜨렸다. 선생님과 친구들은 이유를 알지 못한 채 그저 위로할 수밖에 없었다. 나중에 아이에게 물어보니 아이는 밝게 웃으며 말했다.

"저도 잘 모르겠어요."

이미 십대의 시간을 지나온 어른들은 망각의 물을 마셨는지, 십대의 급작스러운 감정의 소용돌이가 당황스러울 뿐이다. 문제는 십대들도 자신에게 갑자기 찾아온 감정의 이유를 잘 모른다는 것이다.

십대는 감정의 롤러코스터를 타고 살아가고 있다. 하지만 우리는 안다. 기차는 언젠가는 멈춘다는 것을.

심리학자 최성애 박사는 "감정을 조절해 주는 세로토닌이라는 신경 전달 물질이 사춘기에는 아동이나 성인에 비해 적게 나온다"라고 말한다. 다시 말해 십대의 갑작스러운 기분 변화는 세로토닌, 도파민, 노르에피네프린 등 기분에 영향을 미치는 신경 전달 물질의 수치에 의한 것이다. 십대는 아직 전두엽이 미성숙해서 이런 신경 전달 물질의 충동에 쉽게 굴복한다. 여러 요소들을 종합해 볼 때, 상황과 상관없이 나타나는 십대의 감정 변화는 어찌 보면 당연한 결과인 것이다.

1900년대 초 심리학자 윌리엄 제임스와 칼 랑게는 슬퍼서 우는 것이 아니라 울기 때문에 슬프고, 기뻐서 웃는 것이 아니라 웃어서 기쁜 감정을 느끼게 된다는 '제임스-랑게 이론'을 내세웠다. 그리고 1960년대 초, 톰킨스와 몇 명의 심리학자들은 감정을 나타내는 모습으로 얼굴을 조작하면 그 특정 감정을 느낄 수 있다는 일명 '안면 피드백 가설'을 주장했다.

이 주장을 확인하기 위해 독일의 심리학자 스트라이크는 한 가지 실험을 했다. 볼펜을 이로 가볍게 물게 한 사람들과 입술로 물게 한 사람들에게 동일한 만화를 보여 주고 감상을 말하게 한 것이다. 실험 결과, 이로 볼펜을 문 참가자들이 만화를 더 재미있게 평가했다. 결국 얼굴 표정이 감정을 회복하는 데 어느 정도 도움이 되는 것이다.

"항상 기뻐하라 쉬지 말고 기도하라 범사에 감사하라 이것이 그리스도 예수 안에서 너희를 향하신 하나님의 뜻이니라"(살전 5:16~18)

데살로니가전서 5장 16~18절은 교회를 다니지 않는 사람이라도 한두 번쯤 들어봤을 만큼 유명한 말씀이다. 하지만 잘 안다고 생각하기에 그렇게 살아가야 한다는 것을 잊게 되는 것도 사실이다.

항상 기뻐하기보다는 항상 불평하고, 쉬지 말고 기도해야 하는데 그냥 푹 쉰다. 또 범사에 감사하라는 명령에도 불구하고 자주 원망을 한다. 성경은 이것이 단순한 제안이 아니라 '하나님의 뜻'이라고 단호하게 선포한다. 하지만 여전히 십대는 '잠재적 원망'을 가슴에 품고 기쁨보다는 불평을, 기도보다는 요구를, 감사보다는 원망을 내뱉는 삶에 더 익숙해져 있다. 기뻐하는 것, 기도하는 것, 감사하는 것은 이미 우리에게 주어진 능력이기에 어떤 조건도 필요하지 않다. 그것은 상황에 따라 좌우되는 감정이 아니라 하나님의 은혜로 우리 안에 심어진 힘이다. 즉 우리는 기쁨, 기도, 감사를 선택하고 살아갈 수 있는 능력을 이미 받았으며, 그 능력으로 모든 상황 속에서 승리할 수 있다.

"여호와께서 우리를 위하여 큰일을 행하셨으니 우리는 기쁘도다"(시 126:3)

"눈물을 흘리며 씨를 뿌리는 자는 기쁨으로 거두리로다"(시 126:5)

자신의 감정조차 마음대로 되지 않기에 십대는 힘들다.

하지만 우리에게는 하나님의 분명한 약속이 있다. 하나님께서는 이미 우리에게 기쁨과 기도, 감사의 능력을 주셨다. 그렇기에 상황과 감정에 상관없이 웃을 수 있고, 기도와 감사의 능력을 드러낼 수 있다. 기쁨과 웃음의 유일한 이유는 오직 예수님뿐이다. 그러니 웃자.

위로
메커니즘

"목사님, 저 남자친구랑 헤어졌어요."

남자친구와 헤어진 십대의 목소리에 눈물이 묻어 있다. 전화기 사이로 새어 나오는 슬픔이 마음을 저리게 한다. 이별의 슬픔에 빠진 십대에게 최고의 대답은 '맛집'이다.

막 튀겨 나온 치킨 한 조각이면, 이별의 아픔을 한 시간 정도는 잊을 수 있다. 돼지고기가 잔뜩 섞여 있는 까만 소스의 간짜장 한 그릇이면, 반나절은 충분히 이겨낼 수 있다. 역시 십대의 이별에는 '음식'이 최고다. 맛난 음식은 이별한 이들에게 소중한 '위로'다.

"목사님, 아버지가 돌아가셨어요."

이제 막 15세가 된 남자 중학생에게 아버지의 부재는 혼자 감당할 수 있는 일이 아닐 것이다. 장례식장에서 만난 아이는 아버지를 잃고, 눈물도 잊고 있었다. 모든 것을 잊어버린 아이는 나를 보고 그제야 우는 법이 생각났는지 한참을 울었다.

 십대도 어른들도 어찌할 수 없는 현실이 있다. 너무 아프고 슬퍼 눈물조차 잃었을 때, 최선의 위로는 그저 옆에 있어 주는 것이다. 함께하는 것만큼 최고의 위로는 없다. 십대는 너무나도 많은 일을 겪고 있다. 이러한 십대에게 작은 위로는 '맛난 음식'이다. 그리고 어른인 내가 그들을 위해 할 수 있는 가장 큰 위로는 '함께해 주는 것'이다.

 '초등학생 8시간 42분, 중학생 7시간 24분, 고등학생 6시간.'

 2020년 통계청에서 제시한 청소년 수면 시간이다. 십대의 수면 시간이 점점 줄고 있다. 또한 인간관계에 대한 만족은 2017년에 비해 0.6% 감소했다. 특히 낙심하거나 우울할 때 도움받을 사람이 있는 십대는 89.9%였지만, 도움받을 수 있는 사람의 수가 점점 줄어들고 있는 것이 현실이다. 고된 인생의 초입에서 십대에게 진정 필요한 것은 위로다.

 신경정신과 교수이자 심리학자인 빅터 프랭클 Viktor E. Frankl은 제2차 세계대전 중에 네 군데의 나치 강제수용소를 경험했다. 이러한 경험을 통해 프랭클은 인간의 존엄과 가치에 대한 질문을 던진다. 『그럼에도 삶에 '예'라고 답할 때』라는 책에서 프랭클은 오늘날의 사람들이 "정신적으로 폭격당했다"라고 말하며, 인류의 대참사에서 인간이 인간으로서의 의미를 찾는 것이 가장 중요하다고 전한다.

프랭클은 수용소의 대학살 가운데 서로가 서로에게 필요한 존재임을 깨닫고 의미를 부여할 때, 살아갈 힘이 생긴다고 말한다. 그리고 서로가 서로의 의미가 되어 줄 때, 사람과 사람 사이에서 일어나는 정신적 공명(서로가 서로에게 반응하는 것)이 일어난다고 말한다. 공명이 바로 위로인 것이다. 십대에게 공명할 수 있는 위로가 바로 나였으면 참 좋겠다.

> "서로 입 맞추고 같이 울되 다윗이 더욱 심하더니 요나단이 다윗에게 이르되 평안히 가라 우리 두 사람이 여호와의 이름으로 맹세하여 이르기를 여호와께서 영원히 나와 너 사이에 계시고 내 자손과 네 자손 사이에 계시리라"(삼상 20:41b~42a)

사울 왕에게 충성하고, 목숨을 걸고 나라를 위해 싸운 다윗에게 돌아온 것은 죽음의 위협이었다. 잘하려고 할수록 미움받은 다윗은 큰 상처를 받았다. 하지만 슬퍼하는 다윗 옆에는 항상 요나단이 있었다. 사울 왕을 피해 도망자가 된 다윗은 요나단이 함께함으로 그 삶에 의미가 다시 부여된다. 그리고 억울한 도망에 그가 함께함으로 위로를 받는다. 요나단의 위로가 다윗에게 새 힘을 주었다.

> "우리가 환난당하는 것도 너희가 위로와 구원을 받게 하려는 것이요 우리가 위로를 받는 것도 너희가 위로를 받게 하려는 것이니 이 위로가 너희 속에 역사하여 우리가 받는 것 같은 고난을 너희도 견디게 하느니라"(고후 1:6)

성경에서 '위로'로 번역된 단어는 '곁으로 부르다'라는 뜻이 있다. 다시 말하면, 위로라는 말에는 곁에 두고 함께하며 보살핀다는 의미가 포함되어 있다. 바울은 위로의 근원이 하나님이심을 밝힌다. 그리고 하나님께서 주시는 '위로'가 얼마나 큰 능력을 갖고 있는지 분명하게 말한다. 이 위로를 통해 바울은 자신이 겪을 환난을 조금도 두려워하지 않는다. 위로가 바로 능력이기 때문이다. 위로는 그리스도인을 더욱더 새롭게 한다.

팬덤
심리학

"넌 무슨 색깔 풍선이야?"

한국에서 아이돌 문화가 시작되던 1990년대, 좋아하는 아이돌 그룹을 구별하기 위해 노란 풍선과 파란 풍선으로 서로를 나누던 시기가 있었다. 그때 아이돌을 '원조 아이돌'이라고 부르는 오늘날은 아이돌의 홍수라 할 만큼 수많은 아이돌이 TV와 SNS를 도배한다.

"제가 다른 가수를 좋아하는 게 그렇게 큰 문제인가요?"

문화 소비 시대를 살아가는 십대는 좋아하는 아이돌이 다르다는 이유로 서로에게 상처를 준다. 또래 문화라는 공동체를 인정하지만, 서로가 서로를 거부하는 그들은 팬클럽과 같은 공동체를 통해서 자신의 정체성을 확인하려고 한다. 하지만 변덕이 심해 그 안에서 여전히 오해와 불신을 싹 틔운다. 십대에게는 함께 이야기를 나누며 서로를 인정하고 환영하는 공동체가 필요하다.

제임스 파울러는 『신앙의 발달단계』에서 신앙의 발달을 7단계로 설명한다. 그중 청소년기는 3단계인 '종합적-인습적 신앙' 단계로, 자아 정체성과 공동체가 중요한 시기다. 파울러는 그리스도인 청소년은 자신이 속한 신앙 공동체 안에서 서로 의지하며 자신의 신앙을 형성하고, 자아 정체성을 찾아간다고 말한다. 하지만 이 시기에는 공동체 안과 자기 내면 안에서 이중적인 모습을 띄게 되어, 때로는 혼자만의 세계를, 한편으로는 공동체에 소속되어 누리는 안정감을 추구한다고 한다.

발달 심리학자인 로버트 키건은 성인 발달 이론에서 청소년의 특성을 3단계로 설명하면서, 이 시기에는 추상적 사고가 가능하고, 자신의 내면에 정서적 관심을 보이며, 자아 성찰이 가능하다고 말한다. 또한 자아와 타인, 신과 세계에 대한 이해를 주변의 권위 있는 타인에게 의존한다고 설명한다.

두 발달 심리학자의 의견을 종합해 보면, 십대에게 자아 정체성과 공동체는 매우 중요하며, 십대는 지금 함께하고 있는 사람들과 강한 영향력을 주고받는다. 이러한 십대의 특성은 연예인이나 운동선수 같은 유명인이나 특정 분야를 좋아할 때 생기는 팬덤 fandom 문화에서 충분히 엿볼 수 있다. 십대는 자신을 환영해 줄 멋진 공동체가 필요한 것이다.

> "다윗이 블레셋 사람에게 이르되 너는 칼과 창과 단창으로 내게 나아오거니와 나는 만군의 여호와의 이름 곧 네가 모욕하는 이스라엘 군대의 하나님의 이름으로 네게 나아가노라"(삼상 17:45)

골리앗이라는 블레셋의 거인 전사 앞에서 이스라엘은 모두 숨을 죽이고 있었다. 이 전쟁터에서 돌멩이 다섯 개를 들고 이스라엘 공동체 맨 앞에 선 사람은 소년 다윗이었다. 그는 자신이 누구에게 속했으며, 누구를 위해 사는지, 그리고 무엇을 해야 하는지를 명확히 선언했다. 다윗의 외침에 이스라엘의 마음이 뜨겁게 달아올랐다. 얼마 전까지만 해도 겁먹고 벌벌 떨던 이들은 하나님의 군사가 되어 대적 블레셋을 향해 달려 나갔다. 그리스도인이 주님의 이름을 외칠 때, 우리는 어디에서 무엇을 위해 살고 무엇을 위해 죽어야 하는지 알게 된다. 드디어 그들은 정체성을 깨닫고 하나가 되었다.

다윗에 대한 요나단의 사랑이 그를 다시 맹세하게 하였

으니 이는 자기 생명을 사랑함 같이 그를 사랑함이었더라'(삼상 20:17)

질투에 사로잡힌 사울 왕은 다윗이 죽기를 바랐다. 하지만 다윗을 사랑한 왕자 요나단은 그가 살기를 바랐다. 다윗을 향한 왕과 왕자의 서로 다른 바람은 다윗을 왕의 길로 떠나게 부추겼다. 이스라엘이라는 거대 공동체 속에서, 사람과의 이해관계와 정치적 모함 등에서 다윗을 살린 것은 그와 함께한 친구였으며, 그의 존재와 미래를 믿고 지지한 요나단과 같은 공동체였다.

십대에게는 요나단과 같이 자신을 있는 그대로 반겨 줄 공동체가 필요하다. 그리고 자신의 길을 찾기 위해 고군분투하는 이야기에 공감하고 지지해 줄 어른이 필요하다. 십대의 상상력에 박수하며 환호해 줄 수 있는 공동체가 이들에게 활짝 열려 있다면 좋겠다.

근자감과
신중 과잉증

"목사님, 저는 선택 장애가 있는 거 같아요. 어떤 일을 결정하는 것이 너무 어려워요."

어두운 얼굴로 찾아온 십대와 중국집에서 메뉴를 고르던 중, 갑작스럽게 한숨과 함께 내뱉는 그의 말에 당황했다. 한참을 머뭇거리던 아이가 말을 이어갔다.

"저는 문과가 맞을까요, 이과가 맞을까요?"

고등학교에 진학하면서 자신의 진로 앞에서 결정 장애를 일으킨 십대는 짜장면과 짬뽕조차 선택하지 못하는 자신의 우유부단함이 참으로 싫었나 보다. 또다시 입을 연 아이가 묻는다.

"제가 지금 교회에 와서 예배드리는 것보다 그 시간에 학원에서 공부하고, 나중에 좋은 대학에 가서 하나님께 영광을 돌리는 것이 더 좋지 않을까요?"

일주일에 겨우 한 시간 예배드리러 오는 수험생이 근자감(근거 없는 자신감)으로 던지는 한마디가 부담스럽다. 십대는 오늘도 선택과 기회 앞에서 두 얼굴을 갖는다. 바로 근자감과 과잉 신중함이다.

1999년 코넬대학교 대학원생 데이비드 더닝과 저스틴 크루거 교수는 학생들을 대상으로 논리적 사고 시험을 치르게 한 뒤, 자신의 예상 성적 순위를 제출하게 했다. 그 결과 성적이 낮은 학생들은 자신의 점수를 높게 평가했고, 실제로 점수가 높은 학생들은 낮게 평가했다. 다시 말해, 능력이 없는 사람은 오만한 생각으로 자신을 과대평가하고, 능력이 있는 사람은 자신을 타인에 비해 과소평가한다는 것이다. 이것이 바로 '더닝 크루거 효과 Dunning-Kruger effect'다.

십대는 얕은 지식에 의존하는 경우가 많다. 인터넷 검색으로 세상의 모든 것을 알 수 있다고 오해한다. 하지만 검색은 '피상적'이다. 수박 겉 핥기 식으로 알게 된 지식은 사람을 오만하게 만든다. 어떤 십대는 오만이 과해 거만해지기도 한다.

또 어떤 십대는 자신의 능력을 인정하지 못한다. 너무 신중해서 자신에게 오는 많은 기회를 고민으로 채우고, 나중에

'후회'라는 한숨만 내쉰다. 결국 후회는 시도하지 않는 자들에게 임하는 심판과 같다. 오늘도 많은 십대가 오만으로 거만하며, 날아가 버린 기회 뒤에서 그저 한숨만 쉰다.

하나님께서 '후회'하셨다. 사울을 왕으로 세운 것을 후회하셨다(삼상 15:10~11). 사실 사울은 왕이 되기 전에 겸손한 사람이었다. 왕이 되는 것을 두려워했다. 그래서 짐 보따리 사이에 숨기도 했다(삼상 10:22).

그러나 시간이 지나면서 그는 자신을 과대평가했다. 자신의 힘으로 왕이 되었다고 여겼으며, 전쟁의 승리도 자신의 노력으로 이루어진다고 믿었다. 오만은 그를 교만으로 몰고 갔으며, 잠언의 말씀처럼 멸망으로 밀어 버렸다. 질투와 시기에 눈이 먼 사울은 영웅 다윗을 죽이기로 결심한다.

> "다윗이 아비새에게 이르되 죽이지 말라 누구든지 손을 들어 여호와의 기름 부음 받은 자를 치면 죄가 없겠느냐 하고"(삼상 26:9)

다윗은 사울 왕을 죽일 수 있는 기회를 두 번 얻는다. 자신의 충정을 저버린 그를 죽이는 것은 너무도 당연한 일이었다. 부하를 시켜 사울을 죽이면 골치 아픈 문제는 다 해결된다. 하지만 그는 신중했다. 사울을 죽이려는 충신 아비새의

창을 막는다. 그리고 한술 더 떠 자신을 죽이기 위해 온 사울을 살려주면서 "내 주 왕이여"라고 부른다.

> "사울과 요나단이 생전에 사랑스럽고 아름다운 자이러니 죽을 때에도 서로 떠나지 아니하였도다 그들은 독수리보다 빠르고 사자보다 강하였도다"(삼하 1:23)

사울 왕은 비참하게 죽었다. 다윗은 울며 그의 죽음을 애도했다. 그리고 사울의 손자인 므비보셋을 찾아, 그에게 할아버지의 땅을 모두 돌려준다(삼하 9:6~7). 다윗은 두 얼굴을 갖지 않았다. 그가 신중했던 이유는 오직 하나님 때문이었다. 다윗의 신중함은 후회가 아니라 진정한 왕의 모습이었다.

십대는 자신들의 과한 신중함으로 기회를 잃어버렸다고 생각하며 후회의 한숨으로 밤을 지새울지도 모른다. 하지만 그 신중함이 다윗의 신중함이기를 소망한다.

십대여, 왕의 신중함을 가져라.

나 홀로
공감

"구독, 구독~ 좋아요, 좋아요."

"1,000뷰 찍은 기념으로 특별 콘텐츠를 준비했습니다."

유튜브나 인스타그램, 페이스북에서 조회수와 구독자를 늘리기 위해 십대들은 '구독 구걸'에 열심이다.

십대들은 자신이 올리는 영상을 통해 다른 사람들에게 인정받기를 원한다. 감정을 공유하고, 자신의 경험과 생각에 공감받기를 바라는 그들은 혼자 뜨겁다. 오늘도 그들은 다른 사람들에게 무언가로 공감받기를 원한다. 공감되지 않는 현실 속에서 공감을 열망하는 십대들은 오늘도 카메라 앞에서 혼자다.

이탈리아 파르마대학교 소속의 신경 과학자 지아코모 리

촐라티 Giacomo Rizzolatti는, 다른 사람에게 일어나는 일을 관찰할 때 마치 거울을 보는 것같이 즉각적으로 활성화되는 뇌의 신경 세포를 '거울 신경 세포 mirror neuron'라고 명명했다. 거울 신경 세포는 상대방이 행할 일련의 행동 중 일부분만 관찰해도 행동 전체를 알 수 있는 놀라운 능력을 갖고 있다. 이 능력이 극대화되면 사랑하는 사람과 물리적으로 떨어져 있어도 상대방의 행동이나 느낌을 알거나 알아맞힐 수 있다.

리촐라티는 이 신경 세포를 통해 '공감 본능'의 스위치를 켤 수 있다고 조심스럽게 말한다. 이것은 인간의 사회성을 설명해 줄 수 있는 것으로, 신경학 연구에서는 누구나 타인을 공감할 수 있는 능력이 있다고 이야기한다.

> "다윗이 사울에게 말하기를 마치매 요나단의 마음이 다윗의 마음과 하나가 되어 요나단이 그를 자기 생명같이 사랑하니라"(삼상 18:1)

다윗은 혼자였다. 이미 선지자 사무엘을 통해 기름 부음을 받았고, 죄로 인해 폐위될 사울을 이어 왕위를 계승할 사람이었다. 하지만 아직 그는 사울의 신하였고, 게다가 왕의 미움과 시기를 받는 공공의 적이었다.

그런데 이때 그와 마음을 같이하는 사람이 등장한다. 바로 요나단이다. 요나단은 자신의 아버지에게 위협을 당하는 다윗의 고통에 깊이 공감하며, 친밀함으로 그를 위로하고 격려한다. 미움과 비난 속에서 다윗을 버틸 수 있게 한 것은 요나단의 공감이었을 것이다. 공감이 사랑을 동반할 때, 그 힘은 배가된다. 그리고 그 힘은 나와 다른 사람을 새롭게 한다. 다윗은 요나단과 함께 있을 때, 혼자 있을 때와는 다른 존재가 되었다.

"이르되 자비를 베푼 자니이다 예수께서 이르시되 가서 너도 이와 같이 하라 하시니라"(눅 10:37)

강도 만난 이웃들은 오늘 밤에도 서울역으로 모여든다. 갈 곳 없는 그들은 추운 몸을 녹일 따뜻함과, 마음을 나눔으로 새로워질 수 있는 곳을 찾아 헤맨다. 하지만 그곳에는 마음을 함께할 선한 사마리아인이 없나 보다.

강도 만난 이웃은 십대들의 교실에도 등장한다. 같은 교복을 입고 비슷한 차림새로 상처를 가리고 있지만, 십대들은 그런 이웃을 한눈에 알아본다. 그리고 제사장과 레위인이 되어 그 이웃을 잘도 피해 간다.

'십대'는 '사마리아'란 이름과 닮았다. 함께하고 싶지 않은 사마리아인처럼, 십대는 멀리하고 싶은 존재인가 보다. 그래서 십대의 이름 앞에는 '선한'이란 수식어가 필요하다. 서로 공감하고, 친밀함으로 마음을 함께 나눌 수 있는 '다윗과 요나단'이 바로 오늘의 십대여야 한다.

모든 옛것을
새롭게 하라

"목사님, 만화 카페 아세요? 완전 좋아요. 좋아하는 만화랑 먹을 것도 엄청 많아서 친구들과 가면 시간 가는 줄 모르겠어요."

80, 90년대에는 만화방이 유행했었다. 그런데 어느 순간 만화방은 사라지고, 그 자리에 비디오방과 멀티방이 새롭게 생겨났다. 하지만 그것도 시간이 지나자 수명을 다하고, 그 자리에 다시 만화방이 '카페'라는 새로운 옷을 입고 등장했다. 깔끔하고 세련된 인테리어로 무장하고 음료와 보드게임 등을 갖춘 만화 카페에 십대들이 빠졌다.

"롤러장이 다시 부활했더라고요. 완전 대박 신나요!"

경기도 부천에는 20년 전에 사라졌던 롤러스케이트장이

다시 생겨났다. 이유는 알 수 없지만, 수많은 십대가 새로워진 옛날 롤러장에서 신이 났다. 20년 전에 끈도 묶지 않고 신던 롤러스케이트가 지금 십대들의 발에 다시 신겨졌다. 구식이라고, 촌스럽다고 버려진 볼품없던 옛것들이 요즘 십대에 의해 다시 새로운 생명을 얻고 있다.

'유행은 돌고 돈다'라는 말이 있다. 과거 유행했던 것들이 복고 열풍으로 다시 등장해, 많은 사람이 그것을 좋아하고 즐긴다. '레트로Retro'라는 말이 있다. 레트로는 복고주의를 지향하는 하나의 유행 스타일로, 과거에 대한 향수를 현대적 감성에 덧입혀 새로운 의미와 가치를 창조하는 것을 말한다. 지금까지 복고를 주도해온 것은 물론 중장년층이었다.

그런데 최근에 나타나는 레트로의 흐름은 과거와 조금 다르다. 중장년층이 아닌 십대가 그 주역으로 나타나고 있기 때문이다. 그리고 이런 새로운 복고를 『2019 트렌드 코리아』에서는 새로움New과 복고풍Retro을 합친 '뉴트로New-tro'라고 명명하며, 레트로와 뉴트로의 차이를 정확히 구별한다. 레트로가 과거를 재현해 40~50대 이상 중장년층으로 하여금 노스탤지어와 책임감을 유발시키는 것이라면, 뉴트로는 10~20대를 대상으로 한 '익숙하지 않은 옛것'이다. 그들에게 옛것이란 새로운 콘텐츠, 아날로그 감성, 참신함 등으로 다가오는 새것이다.

이제 십대에게 옛것은 새로움이 되었다. 한 번도 경험해 보지 못한 구식은 십대에게 신선함을 주었고, 십대는 촌스럽고 볼품없어 사라진 옛것에 생명력을 불어넣었다. 십대는 새로움을 입은 옛것이 그저 신기하고 재미있다.

"손을 주머니에 넣어 돌을 가지고 물매로 던져 블레셋 사람의 이마를 치매 돌이 그의 이마에 박히니 땅에 엎드러지니라"(삼상 17:49)

십대 다윗은 형들과 수많은 이스라엘의 전사들을 뒤로 하고 물맷돌을 줍기 시작했다. 분명 이스라엘의 전사 중에도 '물매'를 다룰 수 있는 사람이 있었다(참조. 대상 12:2). 자신에게 맡겨진 양을 지키기 위해 물매를 던져야 했던 다윗은 이제 맹수가 아닌 대적 골리앗을 향해 물맷돌을 던질 것이다. 볼품없고 촌스러운 구식 무기가 사명감으로 불타오르는 십대 다윗의 손에 쥐어지자 새로운 옛것이 되었다. 이 '새로운 무기'는 블레셋 최강의 전사 골리앗을 일격에 쓰러뜨렸다. 누구나 가지고 있는 옛것은, 하나님을 믿고, 하나님을 위해 일하기 소원하는 다윗의 손에서 새로운 병기로 탄생했다.

"그런즉 누구든지 그리스도 안에 있으면 새로운 피조물

이라 이전 것은 지나갔으니 보라 새것이 되었도다"(고후 5:17)

어른들이 새것에 정신이 팔려 있는 사이에 십대는 촌스러운 옛것에 관심을 두기 시작했다. 초라한 옛것에 대한 십대들의 새로운 해석은 옛것에 생명을 부여했고, 그 생명력은 이 시대에 새로움을 부여하는 계기가 되었다.

십대들은 예수님을 만나 새로운 피조물이 되었다. 그리고 예전 것에 새로움을 입히는 사명으로 부르심을 받았다.

십대여, 모든 옛것을 새롭게 하라!

프로 억울러들에게 고하는 글

"요즘 십대는 개념이 없어요. 공경이나 예의? 그런 것 몰라요. 자신들이 좋아하는 것만 하지, 다른 사람을 배려할 줄 몰라요. 어젯밤에도 놀이터에서 얼마나 떠드는지 동네가 떠나가는 줄 알았다니까요." - 놀이터 주변에 사는 아주머니

"말도 마세요. 요즘 십대들 무서워요. 뉴스도 못 보셨어요? 지난번에 골목에서 학생들이 담배를 피우고 있어서 한소리 하려다가 그냥 도망치듯 나왔어요." - 골목 안쪽에 사는 아저씨

"요즘 애들은 교회에 올 때 성경책을 안 가져와요. 그냥 와서 졸다가 예배가 끝나면, 자기들끼리 연예인 이야기나 하다가 집에 가요. 주일학교 선생님 얘기는 듣지 않아요." - 교회 주일학교 선생님

어른들 눈에는 십대들이 탐탁스럽지 않은가 보다. 친구들끼리 수다를 떨어도, 함께 모여 식당에 가도, 혼자 공원에 앉아 있어도, 사람들은 불편하게 바라본다. 우리만 동네북이야? 아무것도 하지 않았는데도 불편하게 바라보는 사람들의 시선에 십대들은 억울하다.

'청소년 공포증'은 1994년 미국 애리조나대학교 교수인 커크 애스트로스 Kirk Astroth가 처음 소개한 신조어이다. 이는 그리스어로 '청소년'을 뜻하는 '에페보스'와 두려움, 공포를 뜻하는 '포보스'가 합쳐진 단어로, 십대에 대한 두려움 또는 혐오를 의미한다.

40년 이상 청소년 사역을 감당하고 있는 레스 크리스티 Les Christie는 그의 책 『교회 다니는 아이들이 삐딱해질 때』의 첫 부분에서 고대 기록에 남겨진 십대의 모습을 이야기한다.

"화가 난 아버지가 십대인 아들에게 물었다. '너 어디 갔다 왔니?' 밤늦게 몰래 집 안으로 기어들어 오던 아들은 이렇게 말했다. '아무 데도 안 갔는데요.' 아버지는 아들을 꾸짖었다. '이제 그만 철 좀 들어라. 쓸데없이 광장에 모여 있거나 길가를 헤매고 다니는 짓은 그만하고 학교에 좀 가거라. 밤낮으로 속 썩이지 말고 밤이고 낮이고 즐기느라 허송세월을 보내고 있구나.'" - 4천 년 전 수메르인이 점토판에 남긴 글

"오늘날 젊은이들은 사치를 사랑한다. 그들은 버릇이 없고, 권위를 멸시하며, 어른들을 공경할 줄 모르고, 일해야 할 때 허튼소리나 내뱉는다. 어른이 방 안에 들어와도 자리에서 일어날 줄 모른다. 부모에게 반항하며, 친구들 간에 말이 너무 많고, 폭식하며, 식탁에 다리를 올려놓고, 연장자들을 학대한다." - 소크라테스

"이 땅은 타락했다. 어린이들은 더 이상 부모에게 순종하지 않는다." - 6천 년 전 한 이집트 사제가 돌에 새긴 글

몇천 년 전의 글인데, 내용이 너무 친숙하다. 자신들의 의도와 상관없이 십대는 항상 어른들의 걱정거리였고 염려의 근원이었다.

"그때에 사람들이 예수께서 안수하고 기도해 주심을 바라고 어린아이들을 데리고 오매 제자들이 꾸짖거늘"(마 19:13)

수많은 사람이 예수님의 말씀을 듣기 위해 모인 곳에도 억울한 아이들이 등장한다. 부모와 같이 왔을 수도 있고, 혼자 힘으로 온 것일 수도 있다. 그런데 제자들이 그 앞을 막아섰다. 당시 문화적 배경으로는 당연한 일이었다.

"예수께서 이르시되 어린아이들을 용납하고 내게 오는 것을 금하지 말라 천국이 이런 사람의 것이니라 하시고"(마 19:14)

하지만 예수님께서는 달랐다. 십대의 억울함이 당연시되던 시대에 예수님은 그들과 함께하기를 원하셨고 그들에게 천국을 약속하셨다. 십대는 그때뿐만 아니라 지금도 환영받기가 어렵다. 하지만 프로 억울러인 십대를 향한 하나님의 뜻은 그들을 통한 하나님 나라의 확장과 소망이다.

그러니 프로 억울러들이여, 하나님 나라를 선포하라!

아싸가 되고 싶어

A: 지난주에 '댕댕이'가 너무 아파서 완전 '롬곡'로 지새웠어.
B: 너 완전히 '좋못사'구나! 나도 예전에 '댕댕이' 키우다가 다른 곳으로 보냈는데, 그때 장난 아니었어. '롬곡옾눞'이었는데.
A: 그나저나 '복세편살'하려고 친구 노트 빌렸는데, 학원에 놓고 왔어.
B: 와! 완전 '갑분싸'하게 하네.

인터넷 게시판: '인싸'가 되고 싶은 사람입니다. 제가 '아싸'라서 친구와 용어 공부를 하려고 하는데 인싸 용어 좀 알려주세요.

힘써 배운 인싸 용어도 어느덧 아재의 용어가 되었다. 그만큼 새로운 세대, 새로운 용어가 순식간에 등장한다. 알 듯하지만 전혀 알 수 없는 십대의 세계는 아직 완전히 발견되지 않은 미지의 대륙과도 같다.

뉴질랜드의 심리학자 제임스 플린James Flynn은 1980년대 초 IQ의 변동 추세를 조사하다가 시간이 지날수록 세대들의 IQ가 지속적으로 상승하는 현상을 발견하고, '플린 효과'라고 명명했다. 쉽게 말하면, 다양한 교육의 기회로 인해 추상적인 문제를 해결하는 지능이 높아졌다는 것이다. 즉 IQ가 가장 높은 세대가 바로 '십대'라는 것이다.

이 시대는 과거 어느 때보다 많은 세대가 동시에 살아가고 있다. 1946년 이전에 출생한 전통주의 세대, 1946년에서 1964년 사이에 태어난 베이비 붐 세대, 1965년부터 1980년 사이의 X세대, 1981년부터 2000년 사이의 밀레니얼 세대(또는 Y세대)가 그 흐름을 잇는다. 여기에 2001년부터 2012년 사이에 태어난 Z세대, 그리고 2013년 이후 출생한 알파 세대까지 더해지면서, 이제 우리는 총 6세대가 서로의 영역을 유지하며 공존하는 시대를 살아가고 있다. 각 세대는 고유한 가치관과 삶의 방식을 지니고 있지만, 이들이 함께 살아가는 오늘의 사회는 그 어느 때보다도 세대 간의 이해와 소통이 중요한 시점이라 할 수 있다.

밀레니얼 세대 이후의 세대는 청소년 때부터 인터넷을 사용해 모바일, 소셜 네트워크 서비스SNS 등 정보 기술에 능통하며 대학 진학률이 높다는 특징이 있다. 이전 세대에 비해 십대는 존재 자체가 '아싸'다. 이들은 사회적·심리학적·철학적 그리고 영적 신대륙이다. 가장 높은 IQ를 가진 십대, 이들을 향한 기존 세대들의 수고가 필요하다. 그들은 선교지 그 자체다.

"믿는 무리가 한마음과 한뜻이 되어 모든 물건을 서로 통용하고 자기 재물을 조금이라도 자기 것이라 하는 이가 하나도 없더라"(행 4:32)

새로운 세대는 유대 사회의 인싸가 될 수 없었다. 아싸인 예수님을 따르는 제자들도 아싸였다. 하지만 아싸로 등장한 새로운 세대는 가는 곳마다 뜨겁고 역동적으로 반응했다. 그리고 그들의 삶은 유대 사회를 감동시키기에 충분했다. 그들은 새로운 세대였다. 세상은 이런 새로운 세대의 출현을 기다리고 있다.

십대가
가장 듣고 싶은 말

"공부 좀 해라! 공부해서 남 주니?"

"그 성적으로 대학이나 가겠어?"

수년 전에 십대를 대상으로 '부모님에게 가장 듣기 싫은 말'을 여러 차례 조사한 적이 있었다. 매년 아이들이 가장 듣기 싫은 말 1위는 "공부해"였다. 아이들은 공부에 대한 부정적인 말을 듣는 것을 가장 힘겨워했다. 특히 다른 친구들과 비교하거나 형제와 견주어 비하하는 말을 가장 싫어했다.

듣기 싫은 말이 쏟아질 때마다 청소년들은 이 말을 듣지 않을 수 있는 자신만의 능력을 키워 나갔고, 이제 그들은 어른 세대의 말이 듣고 싶지 않을 때면 귀를 막거나 그 자리를 피하지 않아도 듣지 않을 수 있는 주문을 발견했다!

"그만해요. 듣기 싫어요!"

SNS에서 ASMR이라는 이름으로 많은 영상이 소개되고 있다. 초기에 이 용어는 'Brain massage', 'head tringle' 등으로 불리다가 2010년 제니퍼 앨런Jennifer Allen에 의해 보다 명확한 개념이 다듬어졌다. 음식을 맛있게 먹는 소리나 자연의 아름다운 소리 등 다양한 소리를 인터넷에 올려 다른 사람들에게 심리적 안정감을 제공하는 것이다. 이런 영상과 소리를 접한 사람들이 보고 듣는 것에 만족하지 않고, 자신이 좋아하는 소리를 SNS에 같이 올리면서 ASMR 콘텐츠는 더 많아졌다. 그런데 청각을 자극해 심리적 안정감을 얻고자 하는 사람들 가운데 많은 비율을 십대가 차지하고 있다.

이 시대를 살아가는 십대들의 귀는 특별하다. 자신이 원하는 소리에 몰입하는 십대는 오늘도 새로운 소리에 목마르다. 이제 그들은 소리에 집중한다.

> "한밤중에 바울과 실라가 기도하고 하나님을 찬송하매 죄수들이 듣더라"(행 16:25)

바울과 실라는 어두운 지하 감옥에 갇혔다. 죄명은 한 여종을 고쳐 준 것이었다. 귀신 들려 점쟁이로 비참하게 살아가던 여종이었다. 그녀는 하나님을 섬기고 예수님을 선포하는 바울과 실라를 만났고 그들을 따라다니면서 외쳤다. 여러 날 동안 계속된 그녀의 외침에 바울은 고통스러웠다. 그래서 결국 그녀에게서 귀신을 쫓아냈다.

그러나 선행의 대가는 참혹했다. 여종에게서 귀신이 떠나 더 이상 점을 칠 수 없게 되자 여종의 주인은 수익이 끊어진 것에 화가 나 바울과 실라를 고소했고, 그들은 깊은 지하 감옥에 갇히게 되었다. 바울과 실라가 할 수 있는 것은 기도와 찬양밖에 없었다.

아무것도 보이지 않는 깜깜한 감옥 안에서 바울과 실라의 찬양 소리가 문틈으로 흘러나왔고, 감옥 안에 있던 죄수들은 그 소리에 집중했다. 그것은 가장 위대하고 아름다운 소리였다. 세상에서 들을 수 없는 그 소리를 듣는 순간 감옥의 문이 모두 열렸고 죄수들은 자유를 얻게 되었다.

오늘 십대들의 귀는 아주 특별하다. 그리고 그 귀는 아주 특별한 소리를 기다리고 있다. 생명의 소리, 자유의 소리, 소망의 소리, 예수 그리스도의 소리.

상상 속에 십대가 있다

"틴트는 화장품입니다. 하지만 너무 어렸을 때부터 화장을 하면 피부에 좋지 않습니다. 가능하다면 화장은 늦게 시작하세요. 당신의 피부는 소중하니까요!"

검색 사이트에 초등학교 5학년 학생이 틴트에 관해 물었다. 그리고 중학교 1학년 학생이 위와 같이 답을 달았다.

얼마 전까지만 해도 엄마가 사 주신 옷을 입고 다니는 것이 당연한 일이었다. 하지만 호기심으로 엄마의 립스틱을 바르고 거울에 비친 모습에 한참 웃던 시절은 이제 끝났다. 화장품의 경계를 모호하게 만든 '틴트'와 '립밤', '파운데이션'과 '선크림' 사이에서 십대는 이제 자신들의 얼굴을 화장품에 내어 맡긴다.

'체리주스', '스트로베리 콕', '오렌지 카렌듈라밤', '퓨어 페탈밤', '넥타 코랄', '크레이지 탠저린' 등 어른에게는 같은 색이지만 십대에게는 전혀 다른 색인 틴트를 골라 바르고, 유튜브에서 추천하는 '선크림'을 얼굴에 하얗게 바른다. 헤어롤로 앞머리를 동그랗게 세우고 나서야 아이들은 밖으로 나갈 수 있는 용기를 얻는다. 오늘도 십대들은 담대함을 위해 화장 중이다.

데이비드 엘카인드라는 심리학자는 '상상 속의 군중'이라는 말로 청소년의 자아 중심적 특징을 설명했다. '상상 속의 군중'이란, 십대들이 마치 자신을 무대 위에 선 주인공이라고 생각하고 말을 하거나 행동하는 것을 의미한다. 그들은 주변의 모든 사람이 자신을 바라보고 있다고 착각한다. 그래서 십대들은 늘 불편하다.

방 밖으로 나가기 위해 준비해야 할 것이 너무나 많다. 수많은 관객을 위해 메이크업 아티스트 없이 화장을 하고, 스타일리스트 없이 옷을 골라 입어야 한다. 헤어 디자이너가 없는 상황이니 앞머리에 헤어롤 정도는 말아 놓아야 그나마 안심이 된다. 자신을 바라보지 않는 관중들을 사로잡기 위해서 수고가 이만저만이 아니다.

관심 없는 관중들과 자신을 바라봐 주길 바라며 겉모습을 꾸미는 십대들은 서로 만나지 않는 평행선과 같다. 십대들은 오늘도 상상 속에 존재하는 관중들을 사로잡기 위해 자신을 방에 가두고 전전긍긍하며 애를 태우다 거울을 바라본다.

> "요셉은 노년에 얻은 아들이므로 이스라엘이 여러 아들들보다 그를 더 사랑하므로 그를 위하여 채색옷을 지었더니"(창 37:3)

요셉은 아버지의 편애로 채색옷을 입었다. 형들과는 다른 이 옷은 그를 더 화려하게 꾸며 주었다. 귀족들만 입는 이 옷이 요셉을 다른 형제들과 구별되게 하였고, 상상 속에서 그를 슈퍼스타로 만들어 주었다. 형들과 부모님을 상상 속의 관중으로 만들어 버린 요셉은 채색옷에 자신을 맡겼다. 하지만 상상 속의 관중인 형들은 이 옷을 벗기고, 그를 노예로 팔아 버렸다. 요셉은 상상 속의 무대 위에서 관중들의 야유와 비난의 돌팔매로 쫓겨 내려와 어두운 창고, 누구도 오지 않는 절망 속으로 던져졌다.

> "요셉이 형들에게 이르매 그의 형들이 요셉의 옷 곧 그가 입은 채색옷을 벗기고"(창 37:23)

벗겨진 채색옷은 요셉에게 현실을 직시하게 하였다. 그

는 노예의 옷으로 갈아입었다. 잠시 훌륭한 노예로 인정받아 노예들의 주인공이 될 즈음, 억울한 누명으로 노예의 옷이 이제는 죄인의 옷으로 바뀌었다.

요셉이 17세에 하나님으로부터 받은 꿈은 '상상 속의 군중'의 의미와 섞여 그를 착각의 늪으로 몰아갔다. 하지만 하나님께서는 요셉과 함께하시며 그의 얼굴을 더욱 빛나게 하셨다. 어떤 파운데이션과 선크림으로도 덮을 수 없는 어둠의 기미와 절망의 주근깨를 제거하셨다. 어떤 틴트와 립밤으로도 보호할 수 없는 죄인의 입술을 하나님의 언약으로 보호하고 지켜주셨다. 이제 요셉은 채색옷을 벗고 왕의 옷을 입었다.

5분 더 자고 싶다고 하면,
10분을 더 자게 해주라

"그만 일어나라! 너희들은 학교에 와서 잠만 자니?"

집에서 자고 있는 십대들은 좀처럼 일어나지 않는다. 그 잠은 학교에서도 이어진다. 부모님의 반복되는 잔소리와 선생님들의 호통도 웬만해서는 이 아이들을 깨우지 못한다. 십대들은 백설공주가 베어 문 그 독사과를 먹었나 보다. 아무리 기다려도 십대를 깨워 줄 왕자님은 오지 않고, 그 대신 잔소리와 호통만이 집과 학교에 울려 퍼진다. 매번 새 학기가 와도 십대들은 잠자는 숲 속의 공주처럼 곤히 자고 있다. 이들을 깨울 수 있는 왕자님은 도대체 어디에 있는 것일까? 오늘도 아이들은 수면 중이다.

"몸과 뇌가 더 많은 수면을 요구할 때 점점 자는 시간이

줄어들면, 첫째, 신체 건강에 문제가 생기고, 둘째, 자기감정을 억제하기 힘들며, 셋째, 우울증과 공격형의 위험 인자를 만들기도 한다."

컬럼비아 메디컬 센터의 제임스 개위시 교수는 부모가 정하는 취침 시간과 사춘기의 우울증과 자살 충동 가능성에 관한 연구 결과를 이와 같이 발표했다. 그는 수면 부족이 십대에게 큰 적이라고 말한다. 어린아이와 같은 9시간 수면과 온전한 수면이 청소년의 삶의 질을 높일 수 있다는 것이다.

"어제 새벽 2시에 잤어요."

밤새도록 공부를 했는지, 늦도록 게임을 했는지 가늠할 수 없지만, 십대들은 졸린 눈을 하고 학교와 교회에 나타나서 마녀의 독사과를 베어 먹은 것처럼 쓰러져 잠을 청한다. 그리고 그 옆에서 일곱 난장이인 부모와 교사들이 그들을 깨우기 위해 온 힘을 다한다. 휴대폰과 게임은 너무 밝은 빛으로 십대들의 수면을 방해하며 삶을 갉아먹는다. 우리 십대들은 잠을 좀 자야 한다. 십대에게 잠은 생명이다.

"유두고라 하는 청년이 창에 걸터앉아 있다가 깊이 졸더니 바울이 강론하기를 더 오래 하매 졸음을 이기지 못하여 삼 층에서 떨어지거늘 일으켜 보니 죽었는지라"(행 20:9)

사도 바울이 드로아 지역에서 하나님의 말씀을 전하고 있었다. 그날 창문에 걸터앉아 있다가 잠들어 버린 '유두고'라는 청년이 창밖으로 떨어져 목숨을 잃는 사건이 일어난다.

얼마나 놀랐을까? 모든 사람이 밑으로 내려가 젊은 청년의 주검을 안고 울며 안타까워했을 것이다. 얼마나 피곤하고 고단한 삶이었기에 그렇게 잠들었을까? 모든 사람이 그의 죽음을 인정할 때, 사도 바울은 가만히 그의 몸에 귀를 가져갔다.

> "바울이 내려가서 그 위에 엎드려 그 몸을 안고 말하되 떠들지 말라 생명이 그에게 있다 하고"(행 20:10)

사람들은 유두고의 죽음을 선언했다. 하지만 바울은 그의 삶에, 그의 생명에 귀를 기울였다. 그리고 그가 살아 있음을 선언했다.

교실과 예배실에서 수많은 십대는 지금도 수면 중이다. "5분만 더요"라고 간청하는 그들에게 어른들은 죽음을 선언하듯 말한다. 잠자는 것은 게으르고 시간을 허비하는 것이라고. 그리고 졸린 눈으로 가방을 메고 학교와 학원으로 향하는 그들에게 세상은 '실패'라는 단어로 '불안'을 조장한다. 하지만 성경은 잠자는 청춘들에게 '생명'을 말한다. "살아 있다!"라고 선포하며 그들을 격려한다.

합리적인 믿음주의

영화 〈캐스트 어웨이〉에서 비행기 추락으로 무인도에 갇힌 주인공은 해변 모래 위에 'HELP ME'라는 단어를 새기고 구조를 기다린다. 그러다 아무도 자신을 찾지 않는다는 비관적인 현실을 마주하고서 고통한다. 그러나 이내 마음을 다잡고 탈출을 준비한다.

'스톡데일 패러독스 Stockdale paradox'라는 말이 있다. 비관적인 현실을 냉정하게 받아들이는 한편, 앞으로는 잘될 것이라는 굳은 신념으로 냉혹한 현실을 이겨내게 하는 합리적인 낙관주의이다. 이 용어는 베트남 전쟁 시 포로로 잡혔지만 절망과 비관에 몸을 던지지 않고 냉철하게 현실을 받아들이며 현실적인 준비를 통해 결국 조국으로 돌아오게 된 미군 장교 제임스 스톡데일James Bond Stockdale의 이름을 따서 만들어진 말이다.

오늘날 십대가 겪는 현실은 비관적일 수밖에 없다. 그 시절에는 그렇게 느낄 수밖에 없기 때문이다. 따라서 십대에게도 스톡데일 패러독스가 필요하다.

"그가 아버지의 마음을 자녀에게로 돌이키게 하고 자녀들의 마음을 그들의 아버지에게로 돌이키게 하리라 돌이키지 아니하면 두렵건대 내가 와서 저주로 그 땅을 칠까 하노라 하시니라"(말 4:6)

"아브라함과 다윗의 자손 예수 그리스도의 계보라"(마 1:1)

성경은 구약과 신약으로 구성되어 있다. 구약의 마지막 책 말라기의 마지막 절과 신약의 첫 번째 책 마태복음은 그저 종이 한 장으로 나누어져 있다. 그러나 그 한 장이 품고 있는 시간은 무려 400년이다. 마지막 선지자 말라기에서 처음으로 신약이 쓰이기까지 약 400년이 걸린 것이다.

학자들은 이 400년을 '중간기'라고 부르기도 하고, 400년 동안 하나님께서 이스라엘 백성에게 침묵하셨다고 해서 '침묵기'라고도 한다. 도대체 이 400년 동안 무슨 일이 있었던 것일까? 하나님께서 침묵하시는 400년의 냉정한 기다림은 영원한 것일까?

> "이튿날 요한이 예수께서 자기에게 나아오심을 보고 이르되 보라 세상 죄를 지고 가는 하나님의 어린 양이로다"(요 1:29)

신약의 첫 기록은 모두 한 사람에게 집중되어 있다. 이스라엘이 기다려온, 아니 모든 인류가 기다려온 한 분, 바로 예수님이다. 중간기 400년은 하나님의 침묵 시간처럼 보였지만, 사실은 구원자 예수님이 오시기 위한 작업으로 가득 차 있었다. 하나님께서는 구약에 기록된 모든 예언을 이루시기 위해 그분의 열심으로 세상을 가득 채우고 계셨다.

앗수르와 바벨론, 페르시아와 마게도냐, 그리고 헬라 제국을 지나 로마 제국에 이르기까지 하나님께서는 이스라엘에 국한되어 있던 복음을 세상 끝까지 확장하기 위한 준비를 하셨다. 이 준비에 400년은 오히려 짧았을 것이다. 그리고 모든 준비가 완료되었을 때, 예수님이 세상에 오셨다.

어떤 이들은 이 '침묵기'를 사춘기 자녀에게 화가 난 부모의 침묵에 비유한다. 그러나 사실 침묵기는 구원의 큰 커튼을 열기 위한 하나님의 준비 시간이었다. 이와 마찬가지로 십대의 삶 또한 실망하신 하나님께서 침묵으로 일관하시는, 버려진 시간이 아니다.

하나님께서는 오늘도 십대의 삶을 통해 하나님의 뜻을 꽃피울 준비를 하고 계신다.

> "여호와의 말씀이니라 너희를 향한 나의 생각을 내가 아나니 평안이요 재앙이 아니니라 너희에게 미래와 희망을 주는 것이니라"(렘 29:11)

십대, 파충류의 뇌

과자 하나를 얻으려고 고래고래 소리를 지르며 온 동네를 때굴때굴 굴러 다니던, 그렇게 해서 억지로 얻은 과자 한 봉지에 성취감을 느끼던 코흘리개 어린 시절은 지나갔다. 아무리 떼를 써도 엄마의 매서운 훈육 앞에서는 매번 눈물로 항복하던 시절도 끝났다. 이제는 과자를 얻으려는 것도 아니고 보잘 것없는 작은 장난감에 홀려 있는 것도 아닌데, 이유와 상황을 파악하기도 전에 활화산처럼 터져 버리는 감정은 시커먼 구름과 화산재를 내뿜으며 평온했던 가정과 부모님을 덮쳐 버렸다. 그렇다. 이제 사춘기가 시작됐다. 십대들은 또다시 달라지고 있다.

"아이가 너무 감정적이에요. 화가 나면 주체를 못하고,

자기 방으로 들어가 문이 부서져라 닫아 버려요."

"스마트폰을 못 하게 하는 것도 안 돼요. 못 하게 하면 아주 난리가 나요."

이런 부모님의 한숨에 십대는 답한다.

"저도 왜 그랬는지 모르겠어요."

"화가 난 제 자신이 무서워요."

분명 달라지고 있다. 눈에 넣어도 아프지 않던 아이였는데, 어느 순간 다른 사람으로 바뀌어 버린 듯하다. 하지만 십대들도 달라진 자신들의 모습에 어른들만큼 당혹해하고 있다. 그래서 1904년에 심리학자 스탠리 홀은 청소년기를 '질풍노도의 시기'라고 명명하며, 십대들이 안정을 찾을 수 있을 때까지 이들의 방황을 내버려 둬야 한다고 주장하기도 했다. 하지만 '기다림'보다 더 어려운 시련은 없을 것이다. 수많은 부모의 애를 태우고 많은 십대가 스스로 불안해하지만, 오늘도 우리의 십대들은 안타깝게도 달라지고 있다.

1967년에 미국의 폴 매클린 박사는 인간의 뇌를 세 부분으로 나눠 연구했다. 호흡과 심장 박동과 같은 생명 유지를 관할하는 '파충류의 뇌', 좋고 싫음과 같은 감정을 관장하는 '포유류의 뇌', 이성적 판단과 기획을 관할하는 '인간의 뇌'다. 폴 매클린 박사는 이 세 부분이 각자의 역할을 수행할 뿐만 아니라 서로 상호 작용을 한다는 '뇌의 삼위일체' 이론을 세상에 선보였다.

많은 학자가 십대의 뇌를 '사춘기의 뇌'로 이야기하며, 사춘기의 뇌는 파충류의 뇌에서 포유류의 뇌로 이미 성장했고, 이성과 지각을 담당하는 인간의 뇌로 점차 성장해 가고 있다고 설명한다. 즉 십대들은 넓고 넓은 감정의 바다를 건너고 있는 중이라는 것이다. 그러니 본능적이고 감정적인 십대의 모습은 지극히 정상이다. 달라지는 것이 정상이다. 우리 십대들의 뇌는 지금 신축공사 중이다.

"그가 저주하며 맹세하여 이르되 나는 그 사람을 알지 못하노라 하니 곧 닭이 울더라"(마 26:74)

파충류의 뇌가 풀가동했다. 그래야만 살아남을 수 있기 때문이다. 베드로의 뇌는 가능한 한 더 강하게 예수님을 부인해야만 한다. 그러다 문득 귀에 들려오는 닭의 울음은 그의 다른 뇌, 즉 포유류의 뇌를 깨웠다. 지난밤 잡히시기 전에 예수님께서는 베드로의 배신을 슬프게 예언하셨다. 목숨을 담보로 주님을 부인하지 않겠다던 베드로의 외침은 죽음의 벽에 부딪혀 주님을 배신하고 저주하는 메아리로 되돌아왔다. 예상하지 못한 자신의 배신은 그의 감정의 뇌를 흔들어 깨웠다. 감정의 뇌는 가슴으로 듣고 눈으로 말한다. 그리고 그는 한껏 울었다. 얼마 전 어두운 밤에 예수님과 함께 바다 위를 걷다 바람 소리에 놀라 물속에 빠졌던 베드로는 오늘 감정의 바다에 다시 빠졌다.

> "요한의 아들 시몬아 네가 이 사람들보다 나를 더 사랑하느냐"(요 21:15)

예수님은 부활하셔서 함께 음식을 나누시고, 감정의 뇌가 들을 수 있도록 베드로의 마음에 조용히 물으셨다. 그리고 손을 내밀어 그의 손을 다시 붙잡으셨다.

십대의 뇌는 아직 공사 중이다. 쓸데 있는 짓보다는 쓸데없는 짓을 하는 것이 정상인 나이에, 너무 많은 쓸모없는 것을 구겨 넣으려고 하는 세상이 버거울 수 있다. 그래서 아직 공사 중인 십대들에게 이야기하고 싶다. 그들의 감정의 뇌가 들을 수 있는 가슴에 조용히 말해 주고 싶다.

"괜. 찮. 아!"

3부

한 걸음 또 한 걸음
오르막을 걷는
십대의 행진

Z세대,
너는 누구냐

"목사님, 저 이번에 유튜브 '좋아요' 100 찍었어요."

"저 오늘 먹방 콘텐츠로 돌아왔습니다. 오셔서 '좋아요' 와 '구독' 눌러 주세요."

초등학교 1학년 여자아이가 자신을 유튜버 Youtuber라고 소개하며 자신의 채널에 들어오라고 권한다. 중학생이 자신이 직접 만든 게임을 선보이며 자랑한다. 다음 세대 사역자들은 아이들이 사용하는 신조어의 의미를 찾고, 외우고, 사용하느라 정신이 없다.

Z세대, 도대체 누구냐, 넌?

경제 용어 사전에서는 Z세대를 밀레니엄(Y2000) 세대를 뒤잇는 세대로 말하며, 세대를 가르는 정확한 기준은 없다고 덧붙인다. 인구 통계학자들은 일반적으로 1990년대 중반에서 2000년대 중반까지 출생한 세대를 Z세대로 분류하지만, 언제까지를 Z세대의 끝으로 간주할지에 대해서는 통일된 의견이 없다. 특별히 Z세대는 디지털 원주민 Digital Native으로서 다른 세대와 구별된 삶의 모습을 가진다.

이러한 Z세대는 C세대로 그 삶의 형태가 나타난다. C세대란, 접속 Connection, 창조 Creation, 커뮤니티 Community, 큐레이션 Curation에 공통적으로 들어가는 앞 글자 C를 딴 것으로, 구글이 처음 고안한 개념이다. 구글은 2006년 유튜브를 인수하면서 앞으로 유튜브가 'C'로 시작하는 네 가지 키워드를 통해 번영할 것이라고 밝히며 C세대라는 개념을 사용했다. 구글은 이 네 가지 C를 즐기는 세대가 스마트폰, 태블릿 PC 등을 이용해 유튜브에 거주할 것이라고 말했다.

Z세대의 생활 방식은 이전 세대와 다르다. 이들은 보다 능동적이며 Active, 유명해지고 싶어 하고 Be Famous, 계속 새로운 것을 만들어 낸다 Creative. 그리고 게임이 일상화된 삶을 살아가며 Daily Gaming Life, 유튜브 영상 세대로서 영상으로 소통한다 Video Centric. 결론적으로 완전히 새로운 세대이다.

이 세대는 다른 세대와 삶의 형태가 완전히 다르다. 감정의 선이 구별되고 소비의 형태도 바뀌었다. 오늘도 어쩔 수 없이 간 편의점에서 편의점을 편애하는 이 세대들을 만난다.

"예수께서 이르시되 오늘 구원이 이 집에 이르렀으니 이 사람도 아브라함의 자손임이로다"(눅 19:9)

사람들이 뭐라 하든, 나라가 어떻게 되든, 나만 잘 먹고 잘살면 된다고 생각하던 세리장은 생전 처음 만난 예수님의 입을 통해 자신이 진정으로 원하는 것을 발견하게 되었다. 그리고 그제야 자기 이름의 뜻을 깨달았다. '삭개오'는 '순결하다'라는 의미이다. 그는 예수님을 만나고 새롭게 되었다.

"여자가 물동이를 버려두고 동네로 들어가서 사람들에게 이르되 내가 행한 모든 일을 내게 말한 사람을 와서 보라 이는 그리스도가 아니냐 하니"(요 4:28~29)

사랑받고 싶었던 여인이었다. 과거로 인해 사람들에게 손가락질 받으며 살아온 그녀는 사람들의 눈을 피해 우물가에 왔고, 그곳에서 예수님을 만났다. 마실 물을 요청하는 예수님 앞에서 횡설수설했지만, 그분은 그녀에 대해 다 알고 계셨다. 그녀의 과거와 상처, 그녀도 알지 못하는, 아니 알고 싶지 않은 그녀 자신의 모습까지 다 알고 계셨다. 예수님을 만난 후 사마리아 여인은 진정한 자신을 찾게 되었다.

십대들은 다르다. 그래서 아프고 힘들다. 마치 길을 잃은 어린 양같이 그들은 각기 제 갈 길로 흩어져 간다. 그래서 그들에게는 더욱더 예수님이 필요하다. 예수님께서는 "인자가 온 것은 잃어버린 자를 찾아 구원"하기 위함이라고 말씀하셨다.

　　꼭꼭 숨어라! 머리카락 보일라!
　　아무리 꼭꼭 숨어 봐라, 예수님께서 못 찾으시나!

학교 밖으로도 행진하라

"목사님, 저 이번에 고등학교 검정고시에 합격했어요."

고등학교 2학년을 다니다가 학교를 떠나기로 결심한 남학생 A는 학교를 그만둔 지 6개월도 되지 않아 검정고시에 합격하고는 어깨를 들썩거리며 찾아왔다. 그렇게 십대 후반의 A는 학교 안의 다른 친구들보다 1년 먼저 대학교에 입학하게 되었다.

"저 이번에 영국에 있는 대학교에 가게 됐어요."

학교를 그만두고 여러 가지 어려움으로 같이 기도하던 여학생 B가 환하게 웃으며 찾아와 기쁜 소식을 전해 주었다. 경제적 어려움으로 사랑하는 친구들과 학교를 떠나기로 결심한 날, 이 아이는 얼마나 울었는지 모른다. 끝이 보이지 않는

가난은 어린 소녀에게 가혹한 결정을 강요했을 것이다. 집안 사정을 모른 척할 수 없어 스스로 내린 마음 아픈 결단에 부모님은 또 얼마나 많은 눈물을 흘리셨을까! 그렇게 어렵게 결정해 학교를 그만둔 지 1년 만에 영국의 대학교에 장학생으로 선발된 아이의 얼굴에서 빛이 나고 있었다.

오늘도 많은 십대가 학교를 떠나고 있다. 자의인지 타의인지 정확히 알 수는 없지만, 참으로 다양한 이유로 많은 아이들이 학교 밖으로 행진하고 있다.

'한국청소년 정책연구원'에서 발간한 「학교 밖 청소년 지원 매뉴얼」은 '만 19세 미만의 학령기 아동으로서 학교를 다니지 않는 청소년'을 '학교 밖 청소년'이란 용어로 소개했다. 2023년 교육부·한국교육개발원의 교육기본통계조사 결과에 따르면, 최근 3년간(2020~2022년) 학교 밖 청소년 수는 16만 8,000명으로 추정된다.

그런데 여기서 유념해야 할 것은 이렇게 학교 밖에 있는 학생들은 많은 이들이 생각하는 것처럼 '문제아'가 아니라는 점이다. 십대는 밖에서도 여전히 십대다. 아니, 학교 안에서보다 더 큰 꿈을 꾸고 있는 십대다.

"또 사무엘이 이새에게 이르되 네 아들들이 다 여기 있느냐 이새가 이르되 아직 막내가 남았는데 그는 양을 지키나이다 사무엘이 이새에게 이르되 사람을 보내어 그를 데려오라 그가 여기 오기까지는 우리가 식사 자리에 앉지 아니하겠노라"(삼상 16:11)

하나님께서 사무엘을 통해 이스라엘의 두 번째 왕을 세우시는 자리였다. 중심을 보시는 하나님께서 이새의 아들들 가운데 한 명을 왕으로 세우겠다고 말씀하셨다. 그때 이새의 아들은 집 안에 7명이 있었고, 집 밖에 1명이 있었다. 하나님께서 세우시려는 왕은 집 안에 없었다. 왕은 집 밖에 있었다.

"헤롯 왕 때에 예수께서 유대 베들레헴에서 나시매 동방으로부터 박사들이 예루살렘에 이르러 말하되"(마 2:1)

동방박사들은 '유대인의 왕'(마 2:2)으로 오신 예수님을 경배하기 위해 헤롯의 왕궁으로 찾아갔다. 왕이라면 왕궁에서 태어나야 하고, 그 왕을 만나러 왕궁에 가는 것은 지극히 당연한 일이었기 때문이다. 하지만 유대인의 왕은 왕궁 안에 있지 않았다. 그들이 찾는 왕은 왕궁 밖에 있었다.

"첫아들을 낳아 강보로 싸서 구유에 뉘었으니 이는 여관에 있을 곳이 없음이러라"(눅 2:7)

아기 예수님이 누울 방은 없었다. 갓 태어난 아기 예수님은 편히 쉴 수 있는 집 안이 아닌, 놀랍게도 집 밖에 있는 구유에 누우셨다. 그는 왕이지만, 왕궁 밖에서 하나님의 꽃으로 피어나셨다.

점점 더 많은 십대가 학교 밖으로 나가고 있다. 학교 밖에는 학교 안과는 또 다른 불안과 두려움, 외로움이 기다리고 있다. 그럼에도 불구하고 그들은 학교 밖으로 행군한다. 꽃은 화단에서 아름답게 피지만, 화단 밖 들판과 산 위에서도 아름답게 핀다. 십대들은 모든 곳에서 향기롭고 아름답게 피어나고 있다.

스토리텔러와 스토리텔링

"아빠 휴대폰 번호가 저장돼 있는 단축 번호를 눌러도 없는 번호라고 나옵니다. … 혹여 아빠의 목소리를 잊어버리면 어쩌나 걱정이 됩니다. 하나님 아버지, 제가 하나님께 감사한 것은 영원한 고통이 아닌 3년의 고통으로 아빠를 만나 주시고, 영원한 행복으로 인도해 주신 것입니다. … 여동생이 아빠가 없다는 사실에 큰 상처를 받지 않게 해 주시고, 아빠의 빈자리를 느끼지 않게 해 주세요. 마지막으로 어린 시절 순수한 마음으로 하나님께 했던 인사를 합니다. 하나님, 사랑해요!"

이 글은 아버지의 장례식장에서 열다섯 살 남자아이가 하나님께 올려드린 기도문이다. 어른도 감당할 수 없는 슬픔

가운데 여동생과 어머니를 걱정하며 꿋꿋하게 울음을 참아내던 아이는 어느새 20대 중반이 되었다.

기독교 교육 사상가 제임스 로더James E. Loder 교수에 따르면, 청소년기는 초기 청소년(만 11~12세), 중기 청소년(만 13~15세), 후기 청소년(만 15~17세)으로 나눌 수 있다. 초기 청소년기에는 자신의 뒤를 돌아보는 경향이 강하지만, 후기로 넘어가면서 자신의 미래를 바라보고, 삶의 새로운 전환점을 맞는다.

그는 청소년기를 "성인의 관습에 대한 저항과 주관적인 자기 몰입 사이의 균형을 허가하는 시기"라고 주장한다. 따라서 청소년들의 삶에는 독특한 모습이 있다. 그리고 이런 독특함으로 구성된 '십대들의 이야기'에는 별처럼 빛나는 특별한 힘이 있다.

십대들의 이야기는 세상을 안타깝게도 하고, 위로하기도 하며, 한없이 눈물 흘리게도 하고, 한참을 미소 짓게 하기도 한다. 다른 세대에겐 없는 엉뚱함이 세상을 새롭게 하기도 하지만, 여전히 어른들에게는 위험하게 들리기도 한다. 제임스 로더는 청소년기에 경험하는 성령의 역사하심은 자아의 발달과 변형에 중요한 역할을 한다고 말한다. 십대는 하나님께 받은 특별한 이야기를 만들어 가는 중이다.

"간곡히 구하여 이르되 내 어린 딸이 죽게 되었사오니 오셔서 그 위에 손을 얹으사 그로 구원을 받아 살게 하소서 하거늘"(막 5:23)

'살아나다'란 뜻의 히브리어 '야이르'와 비슷한 이름을 가진 회당장 야이로는 예수님 앞에 무릎을 꿇었다. 자신의 딸 앞에 놓인 '죽음'이 현실이 되지 않길 간절히 소망했기 때문이다.

"아직 말씀하실 때에 회당장의 집에서 사람이 와서 말하되 당신의 딸이 죽었나이다 선생님을 더 괴롭게 하지 마소서 하거늘"(눅 8:49)

'십대'와 '죽음'이란 단어는 어울리지 않을 뿐 아니라 그 조합은 주변 사람들을 슬픔에 빠뜨리는 강한 힘이 있다. 야이로의 딸 이름을 알 수는 없지만, 그녀 앞에 놓인 '죽음'이 만든 이야기는 주변을 절망과 슬픔으로 이끌었다.

"모든 사람이 아이를 위하여 울며 통곡하매 예수께서 이르시되 울지 말라 죽은 것이 아니라 잔다 하시니 그들이 그 죽은 것을 아는 고로 비웃더라"(눅 8:52~53)

그녀 앞에 놓인 '죽음'을 '잔다'로 바꾸시는 예수님을 통해 우리의 기대는 부풀어 올랐다. 그리고 예수님은 새 삶, 새로운 이야기로 그녀를 깨우셨다.

십대는 거인의 몸에 갇힌 어린이와 같다. 몸은 성인과 유사할지 모르지만 마음은 여전히 스스로를 현실에 가두고 자유를 갈망한다. 십대들은 현실과 이상 사이 어디쯤에 살면서 그들의 이야기를 만들어 가고 있다. 십대들의 이야기는 오늘도 우리의 마음에 별이 된다.

쉬었다 하게 하라

"일주일 동안 푹 쉬면 좋을 것 같아요."

"한 달 동안 아무것도 안 하고 싶어요."

"어떻게 쉬어야 잘 쉬었다고 생각해요?"라는 질문에 십대들의 답은 '시간'에 집중되었다. 얼마나 오랫동안 쉬느냐가 십대에게는 꽤나 중요한가 보다.

"방학하면 아무것도 안 할 거예요."

"저에게 쉬는 것은 격하게 아무것도 안 하는 거예요."

또한 십대들은 쉼이라는 그릇에는 아무것도 담겨 있지 않아야 한다고 믿는다. 그들은 자신의 삶에 'nothing'을 넣어야 진정한 쉼이라고 여기면서도, 자신의 삶이 'something'이 되기를 간절히 원한다. 그런데 이상하게도 아무리 쉬어도 피곤하단다. 항상 피곤한 십대들은 지금 격하게 아무것도 안 하고 싶다.

대한민국 청소년의 여가 활동이나 쉼은 무엇으로 채워져 있을까? 통계청은 13~24세 청소년이 TV 시청, 컴퓨터 게임, 인터넷 검색으로 쉼을 채우고 있다고 보고한다. 자존감이 낮아진 십대들은 현실이 아닌 SNS나 게임을 통해서 'something'이 되고 싶은 것인지도 모른다. 아니면 자신의 존재를 인지하고 싶지 않은 것인지도 모른다. 여하튼 십대들은 이 질문 앞에 서게 된다.

"나, 제대로 살고 있나?"

독일의 대표 문학가 괴테는, 사람은 누구나 느닷없이 자신이 못마땅하고 타인에게 짜증이 나며 무엇 하나 마음에 들지 않을 때가 있다고 말했다. 이탈리아의 천재 예술가 레오나르도 다빈치는 판단력을 잃을 때는 잠시 일에서 벗어나 거리를 두는 것이 필요하다고 했다.

스스로 '나는 제대로 살고 있나' 하는 의문이 든다면 쉬어야 할 때다. 불안과 공허가 주는 삶의 균열을 다른 것으로 메꿀 수는 없다. 하지만 여전히 십대들은 불안과 공허, 무기력 속에서 게임과 다른 것들을 '쉼'이라는 이름으로 스스로에게 강요한다. 그래서 오늘도 십대들은 피곤하다.

유대인은 구원이 자신들에게만 있다고 굳게 믿었다. 그

래서 처음엔 예수님의 십자가 역시 유대인에게만 의미가 있다고 생각했다. 예수님께서는 유대인을 위해서만 이 땅에 오셨고, 십자가에서 죽으셨고, 부활하셨고, 승천하셨다고 믿었다. 그래서 교회도 유대인을 위해서만 존재한다고 생각했다. 그리고 베드로는 그 교회를 위해서, 즉 유대인에게 복음을 전하기 위해서 많이 바빴다. 바쁜 사역에 지친 베드로에게는 쉼이 필요했다.

베드로는 너무 피곤하고 배가 고팠다. 기도를 위해 오른 옥상은 천국이었다. 선선하게 불어오는 지중해의 바람이 베드로의 피곤을 쓸어내리던 중, 그는 쉼을 경험하게 된다. 하나님께서 그에게 환상을 보여 주신 것이다.

> "그 안에는 땅에 있는 각종 네 발 가진 짐승과 기는 것과 공중에 나는 것들이 있더라 또 소리가 있으되 베드로야 일어나 잡아먹어라 하거늘"(행 10:12~13)

베드로는 거룩하신 하나님께서 배고픈 그에게 부정한 음식을 권하시는 것을 이해할 수 없었다. 베드로는 의아했다(17절). 쉼이 혼란을 야기한 것이다.

구원과 관계가 없다고 믿었던 이방인 고넬료에게 세례를 베푼 베드로는 더 이상 과거의 그가 아니었다. 그의 세계관에 큰 변화가 일어났다. 복음의 능력과 십자가의 사랑이 유대인에게만 아니라 모든 민족과 나라를 위한 것이라는 선포로 베드로는 새로운 세상을 만난 것이다.

하나님께서 주시는 쉼은 황홀한 중에 나타나는 통찰insight을 주었고, 이 통찰을 통해 베드로의 인생에 전환changeover이 일어났다. 세계관이 바뀌자 삶이 완전히 변화되었다. 쉼을 통해 더 위대하게 된 것이다.

십대들에게는 '쉼'이 필요하다. 아무리 쉬어도 모자란 신기루 같은 쉼이 아니다. 기도와 말씀이 있는 쉼은 십대의 삶을 위대하게 만든다.

짜증이 날 땐, 짜장면

열심히 노력했는데 결과가 좋지 않을 때, 원하는 것이 이루어지지 않을 때, 노력한 만큼 보상받지 못할 때, 아플 때, 배고플 때, 일이 잘 풀리지 않을 때, 공부가 안될 때… 십대는 자기 자신에게 짜증을 낸다.

형이 간섭할 때, 공부하는데 부모님이 공부하라고 잔소리하실 때, 동생이 내 방을 어질러 놓을 때, 부모님과 싸울 때, 엄마가 언니 편을 들 때, 부모님께 오해받을 때… 십대는 집에서도 짜증을 낸다.

늦었는데 버스 기사님이 천천히 운전할 때, 로딩 화면이 99%에서 멈춰 있을 때, 누군가가 내 일을 방해할 때, 내 물건을 함부로 쓸 때, 최소한의 예의도 지키지 않을 때, 이유 없이 친구들에게 놀림을 당할 때, 모르는 사람이 아는 척할 때, 친구가 약속을 계속 미룰 때, 심한 말을 들을 때, 힘든 상황에서 말을 걸 때, 상대가 내 말을 끊고 정색할 때, 내 말을 무시할 때, 필요할 때만 나를 찾을 때, 실수를 사과하지 않고 우길 때, 무조건 괜찮다고 할 때, 귀찮게 할 때, 친하지도 않은 친구가 장난으로 시비를 걸 때⋯ 십대는 오늘도 모든 곳에서 짜증을 내는 중이다.

짜증은 엄밀히 말하면 분노는 아니다. 사실 화를 내는 것도 아니다. 짜증은 이러한 범주에 알맞게 딱 떨어지지 않는 감정이다. 짜증은 그 자체로 독립적인 감정인 듯하다.

"짜증은 왠지 십대를 닮았다. '분노'라는 범주에 넣자니 그 힘이 너무 작고, '불안'이라고 규정하기에는 유지 시간이 너무 짧다."

"우리는 짜증나는 상황을 싫어하지만, 무엇이 자신을 짜증나게 하는지에 대해서는 상당히 즐기는 듯하다. 누구나 짜증나는 일에 대해 이야기할 수 있지만, 왜 짜증이 나는지 설명할 수 있는 사람은 거의 없다."

위의 인용문은 『우리는 왜 짜증나는가』라는 책의 한 대목이다. 너무나도 흔해서 정체를 알 수 없는 이 감정은 십대가 겪는 일상과 흡사해, 십대를 수식하는 단어로 많이 사용된다. 짜증은 십대의 얼굴에 핀 여드름이 되었다.

"마르다는 준비하는 일이 많아 마음이 분주한지라 예수께 나아가 이르되 주여 내 동생이 나 혼자 일하게 두는 것을 생각하지 아니하시나이까 그를 명하사 나를 도와주라 하소서"(눅 10:40)

예수님을 초청한 마르다는 음식 준비로 바쁘다. 예수님을 기쁘게 해드리고 싶었기 때문이다. 곧 예수님이 그녀의 집에 오셨고, 사람들로 붐비기 시작했다. 하지만 아직도 할 일이 너무 많다. 여전히 음식을 만드는 중이고, 손님을 위한 자리도 마련하지 못했다. 정신을 차릴 수가 없었다. 선한 의도로 시작한 마르다의 마음에 원치 않는 감정이 생겨났다.

그때 눈에 들어온 여동생 마리아. 마르다는 예수님 발 앞에 앉아 그분의 말씀을 경청하는 마리아의 모습에 왠지 모를 부아가 치밀었다. 그리고 의도치 않은 익숙한 감정이 가슴속에서 휘몰아쳤다.

'아, 짜증나! 쟤는 왜 저기서 저러고 있는 거야? 여자면 여자애답게 음식을 만들어야지. 거기는 남자들만 앉을 수 있는 자리란 말이야!'

분주함으로 목적을 잃어버린 마르다의 얼굴에 짜증이 피어났다. 그러자 섬김(눅 10:38)의 기쁨은 억울함이 되었고, 성령을 따라 시작한 것이 육체의 것이 되었다(갈 5:17, 20). 그녀는 누구보다 기쁘게 해드리고 싶었던 예수님 앞에서 짜증을 울컥 쏟아냈다. 마르다도 짜증을 냈다.

오늘도 십대는 짜증과 그에 따른 후회로 인해 불편하다. 선한 의도를 방해하는 모든 것과 일상의 분주함으로 고개를 내미는 짜증은 지금도 십대의 얼굴에 피어난다.

하루는 모든 일에 짜증이 나 부모님도 모르게 가출한 십대 아이가 찾아왔다. 아이가 쏟아내는 짜증에 마땅히 해 줄 말이 없어 짜장면 한 그릇을 권했다. 아이는 짜장면을 비우고 난 후, 다시 부모님 몰래 집으로 돌아갔다. 아무리 큰 짜증도 달고 짭조름한 짜장면 한 그릇을 먹는 동안에 다 사라진다.

짜증을 낼 때, 짜장면을 권하라.

스몸비 깨우기

한국방송통신위원회와 한국인터넷진흥원의 조사에 따르면 2023년 기준, 십대가 하루 동안 스마트폰을 사용하는 시간은 3~4시간으로 조사되었다. 그들은 일주일에 21~28시간을 스마트폰 속에서 살며, 친구를 만나러 온라인 세상으로 들어간다. 하지만 자신의 자녀를 스마트폰 속으로 들어가지 못하게 말리는 기술이 부모에게는 없다.

"엄마, 나 스마트폰 안 쓰고 가지고만 있을게. 진짜로!"

십대 딸아이가 스마트폰을 너무 오래 만져서 엄마가 잠시 맡아 뒀는데, 10분도 채 지나지 않아 불안해하며 엄마에게 부탁을 한다. 스마트폰이 손에 없다는 것은 십대에게 공포다. 십대는 공포에 사로잡혀 좀비가 되었다. 스몸비(Smombie; 스마트폰과 좀비의 합성어)가 되어 자신을 잃어버린 것이다.

"생존자 확인!"

영화 〈부산행〉의 마지막 엔딩 장면 대사다. 부산으로 가는 기차 안, 감염된 좀비들 사이에서 임산부와 어린 소녀 등 많은 사람이 처절한 사투를 벌이고, 그 과정에서 나타난 인간애와 희생을 통해 희망을 보여 준 영화다. 영혼이 없는 육체, 좀비를 피해 마지막 종착지인 부산으로 들어가는 터널 앞에서 군인들의 총을 거두게 한 것은 어린 소녀의 노래였다. 소녀는 '알로하 오에 Aloha Oe'라는, 하와이의 마지막 여왕이 만든 노래를 불렀다. 영혼이 없는 육체는 부를 수 없는 노래, 알로하 오에는 '사랑스러운 사람'이란 뜻이다.

사랑스러운 십대는 현실을 피해 사이버 세상으로 도피했다. 그리고 그들은 돌아오는 길을 잃어버렸다. 그렇게 십대는 노모포비아(Nomophobia; No+mobile+phobia, 휴대 전화가 없는 것에 두려움을 느끼는 사람) 증후군에 빠져 스마트폰과 자신을 동일시하며 영혼을 잃어버린 스몸비가 되었다.

현실에서는 스스로를 '루저'로 여기면서 자신을 비하하고 학대하다가도, 사이버 세상에서는 '낫닝겐'(Not과 인간을 뜻하는 일본어 '닝겐'의 합성어. 외모나 재주가 뛰어난 사람을 일컫는 비속어)이 되고 싶어 마치 신이라도 된 듯 함부로 행동한다. 십대는 그렇게 현실을 도피해 계속해서 스마트폰 속에 갇히려고 하는 스몸비가 되어 버린 것이다.

"영혼 없는 몸이 죽은 것같이 행함이 없는 믿음은 죽은 것이니라"(약 2:26)

영혼이 없는 좀비가 된 십대에게 예수님께서는 성령을 따를 수 있는 권리를 주셨다. 믿음이 적어 두려움과 불안에 떠는 자들에게 주님께서는 이렇게 말씀하신다.

"예수께서 들으시고 이르시되 두려워하지 말고 믿기만 하라 그리하면 딸이 구원을 얻으리라 하시고"(눅 8:50)

죽었던 '알로하 오에'(사랑스러운 사람)가 예수님의 명령으로 살아났다. 십대 스몸비들은 예수님의 '알로하 오에'다. 만왕의 왕이신 예수님께서 명령하신다.

"달리다굼! 스몸비들이여, 믿음으로 깨어나라!"

사이다와 쌤통

"고구마 그만 먹이시고 시원하게 사이다 부탁드립니다."

요즘 '고구마'는 먹으면 답답해 목이 멘다는 의미로, 자신의 뜻대로 되지 않거나 어떤 사건이나 이야기가 답답하게 느껴질 때 사용하는 말이다. 반대로, 마시면 속이 뻥 뚫리는 것처럼 상쾌한 기분을 주는 상황이나 말, 이야기가 신속하게 진행되는 것을 '사이다'라고 한다.

그런가 하면 '샤덴프로이데 Schadenfreude'라는 독일어가 있다. '타인의 불행이나 재난을 좋아하다'라는 의미로, 쉽게 말하면 '쌤통'이라는 말과 비슷하다.

"어제 시험 공부 많이 했어?"

밤새도록 공부하던 경쟁 상대 친구가 시험을 마치고 울

상이 되었다. "망했어"라는 친구의 대답에 마음속 깊은 곳에서 안도감이 싹튼다. 그 안도감은 곧 '고소함'과 '통쾌함'으로 변하고 어느덧 우월감으로 자리 잡아 미소를 허락한다. 남의 실패를 보고 느끼는 우월감이 분명히 존재한다. 그것은 생각보다 달콤하다. 특별히 내가 수고하거나 노력하지 않고 얻은 승리일수록 그렇다. 상대방이 불행해져야만 누릴 수 있는 행복감, '쌤통' 속에서 십대들은 의문의 1패에 빠져 있다.

요셉의 이야기를 잘 알 것이다. 아버지는 요셉만 사랑했다. 편애 속에서 요셉의 꿈은 형들을 더욱더 고구마 같은 상황으로 몰고 갔다. 형들의 마음속에서 넘쳐 나는 열등감은 결국 폭발해 버렸다. 형들은 요셉에게만 입혔던 '채색옷'을 찢고, 동생을 깊은 구덩이로 밀어 넣었다. 자랑스럽게 소리치던 요셉의 꿈은 눈물로 변했다. 형들에게 울고불고 애원했을 것이다. 형들 편에서 이 상황을 지켜보면 얼마나 속이 시원했을까? 어린 동생에 대한 '괘씸함'은 '통쾌함'으로 변했을 것이다. 분노 밑에 숨겨 놓은 형들의 비뚤어진 기쁨은 요셉을 새로운 세상으로 밀어 넣었다.

"당신들이 나를 이곳에 팔았다고 해서 근심하지 마소서 한탄하지 마소서 하나님이 생명을 구원하시려고 나를 당신들보다 먼저 보내셨나이다"(창 45:5)

십수 년의 시간이 지나고 다시 만난 동생 앞에서 형들의 통쾌함은 '불안'으로 변했다. 타인의 불행으로 얻은 행복은 유통 기간이 짧다. 상해 버린 '쌤통'은 곧 죽음에 이르는 질병, '불안'으로 바뀐다. '사이다'와 '쌤통'으로 얻은 '행복'은 고통을 잠깐 잊게 하는 진통제다. 하지만 이 진통제는 '불안'이라는 부작용이 있다. 요셉은 이 부작용으로 고통스러워하는 형들에게 '복수' 대신 '사랑'을 처방했다. 그리고 그는 열일곱 살에 꾸었던 꿈을 드디어 이룬다.

　우리는 요셉이기보다는 요셉의 형들이다. 직접 그를 구덩이에 밀어 넣은 형이기보다는 옆에서 지켜보는 방관자, 곧 죄의식을 감안해 은밀한 우월감과 같은 사이다를 갈망하는 비겁한 자일 확률이 크다. 그런 우리에게 예수님께서는 십자가의 사랑을 처방하셨다. 예수님은 죄로 인한 고구마 같은 상황에서 사이다 같은 반전을 전개하지 않으셨다. 그 대신 십자가로 진짜 사랑을 드러내셨다. 톡 쏘는 청량감을 넘어서서 체증의 근원을 치유하는 이 사랑만이 십대의 희망이다.

살리에리 신드롬

백조인데도 자신이 오리라고 생각하는 미운 오리 새끼처럼, 십대 역시 자기 스스로가 아닌 다른 사람에게 비친 자신의 모습을 본다. 십대는 어떤 면에서 미운 오리 새끼다. 그럼에도 십대는 누구보다 아름다운 백조이기를 바란다. 비록 오리라고 할지라도 가장 아름다운 오리를 꿈꾸는 존재가 바로 십대들이리라!

그렇지만 십대들은 자신이 얼마나 아름다운지 잘 알지 못한다. 아무리 물 위에 자신의 모습이 비쳐도 물 위로 비추어지는 진실을 받아들이지 못한다. 아마 이 세상의 진실은 사람들의 입에 있다고 믿기 때문이 아닐까? 그래서 다른 사람들과 같아지려고 한다. 같아야만 배척당하지 않는다는 것을 너무도 잘 알아서 그들은 스스로를 보호하기 위해 같아지려고 한다. 다르지 않은 스타일의 옷을 입고, 같은 연예인의 이름을 암호처럼 외침으로 서로 다르지 않다고 주문을 건다.

"나는 모든 평범한 사람들의 대변인이다."

영화 〈아마데우스〉에 나오는 살리에리의 대사이다. 영화에 등장하는 인물은 모차르트와 살리에리다. 모차르트는 당대 천재 음악가였고, 이와 대조되는 평범한 음악가가 살리에리였다. 바로 여기서 2인자의 심리를 표현한 '살리에리 증후군'이란 말이 생겨났다. 사실 살리에리의 대사처럼 십대는 평범과 비범 사이에서 질투와 시기, 염려와 불안에 휩싸여 있다.

"신이시여, 왜 제게는 욕망만 주시고 재능은 주지 않으셨습니까?"

멋진 백조의 삶을 꿈꾸지만 초라해 보이는 자기 자신을 원망하는 살리에리의 대사를 십대들은 그대로 읊조리고 있다. 그렇게 청소년들은 스스로를 비하하고 학대하며, 일상에서 자신을 내쫓는다. 거울에 비친 얼굴에서는 작은 여드름이 유난히 더 크게 보이고, 연예인보다 작은 눈과 조금 더 큰 머리 크기는 스스로를 미운 오리로 만드는 데 충분하다. 청소년은 천재 음악가 모차르트 같은 '연예인'에게 시기와 질투를 느끼며 스스로를 거부하는 평범한 '살리에리'가 되어 자신을 내쫓고 있다. 하지만 열등감은 우월감 콤플렉스에서 시작된다는 사실을 기억해야 한다.

"제자 중에서 누가 크냐 하는 변론이 일어나니"(눅 9:46)

예수님께서는 자신이 십자가에서 죽으실 것을 세 번이나 말씀하셨다. 그러나 그 뜻을 제대로 파악하지 못한 두 제자의 어머니가 등장해, 자신의 아들들을 가장 좋은 자리, 가장 높은 자리에 앉혀 달라고 청탁하는 장면이 이어진다. 이것을 본 다른 제자들은 분개했다. 각자 자신의 우월감과 열등감을 화살 삼아 서로에게 쏘아댔다.

"열 제자가 듣고 그 두 형제에 대하여 분히 여기거늘"(마 20:24)

이제 예수님의 말씀만 남았다.

"너희 중에는 그렇지 않아야 하나니 너희 중에 누구든지 크고자 하는 자는 너희를 섬기는 자가 되고 너희 중에 누구든지 으뜸이 되고자 하는 자는 너희의 종이 되어야 하리라"(마 20:26~27)

미운 오리이자 살리에리인 십대, 예수님께서는 그들의 열등감과 우월감 사이에 십자가를 세우셨다.

"목사님, 이번 주에 잠시 뵐 수 있을까요?"

수년 전에 학교 폭력을 피해 유학을 떠났던 '중딩'들이 이제 '대딩'이 되어 나타나기 시작했다. 다르다는 이유만으로 미운 오리로 몰리고, 스스로 살리에리가 되어 자신의 가치를 부인했던 아이들이 이제 농장을 떠나 더 큰 세상으로 나왔다. 이들은 진리의 호수에 비친 진정한 자신의 모습을 발견하고 멋지게 성장했다. 남에게 상처받고 스스로 상처를 주던 미운 오리들이 아름다운 백조가 되어 돌아오고 있다.

선택의 눈보라

"반 아이들이 저에게 말을 걸지 않아요."
"아이들이 저를 좋아하지 않는 것 같아요."

 노란 개나리꽃이 피는 3월은 학생들에게 모든 것이 시작되는 시기이다. 특별히 새 학기 초반에는 반에서 새 친구를 찾으려고 서로 눈치를 보기 시작하고, 혹시나 왕따를 당할까 염려하며 마음을 졸인다. 학생들은 서로에게 친구로 선택받기 위해 온 힘을 다한다.

 아리스토텔레스는 친구를 "두 신체에 깃든 하나의 영혼이다"라고 말했다. 그리고 십대들은 그의 말처럼 자신의 영혼을 찾기 위해 진정한 친구 soul mate를 찾아 헤맨다. 하지만 친구로 선택받는 것은 참으로 어려운 일이다. 그리고 친구를 선택하는 일은 그것보다 더 어렵다. 새 학기에 교실은 선택하기와 선택받기로 뜨겁다. 십대는 교실에서 벌어지는 '선택'으로 인해 피곤하다. 이는 따뜻한 봄 아지랑이 대신 차가운 눈보라를 몰고 온다. 따뜻한 3월인데, 십대 청춘들은 그 눈보라로 고립된다.

프랑스 실존주의 철학자 사르트르는 이런 말을 남겼다.

"인생은 B와 D 사이의 C이다!"

출생 Birth과 죽음 Dead 사이의 선택 Choice이 인생이라는 뜻이다. 사람은 태어나서 죽을 때까지 선택의 연속선상에 놓여 있다. 인생에서 선택은 그만큼 중대한 일이다. 하지만 출생과 죽음을 선택할 수 없는 것처럼 십대에게 선택 역시 익숙하지 않다. 아니, 오히려 고통스럽다.

하지만 어려운 가운데 선택을 했다고 해서 모든 것이 끝나지는 않는다. 선택을 받았다고 끝나는 것도 아니다. 선택을 받든지, 선택을 하든지 그 이후에 밀려드는 염려가 '후회'로 돌아온다. 하버드대학교 심리학 교수인 댄 길버트는 선택 후에 밀려오는 후회를 W Wandering Mind라고 말했다. 그는 이 '후회'가 행복의 가장 큰 걸림돌이라고 주장했다.

우리 십대들은 출생과 죽음 사이에서 좋은 선택에 대한 압박을 받고 있다. 그리고 선택 후에 어김없이 찾아오는 '후회'로 마음이 너덜너덜하다.

모세는 애굽 관리자와 자신의 민족 사이에서 민족을 선택해 살인까지 저지르고 말았다. 그는 왕궁에서 나와 살인자 신세로 도망 다닐 수밖에 없었다. 40년의 도망자 세월 동안 모세는 행복할 수 없었다. 동족의 자유를 위한 자신의 선택은 결국 스스로를 광야에 가뒀다. 그의 불행은 W로 변해 자기 자신을 40년 동안 괴롭혔다.

"모세가 이 말 때문에 도주하여 미디안 땅에서 나그네 되어 거기서 아들 둘을 낳으니라 사십 년이 차매 천사가 시내 산 광야 가시나무 떨기 불꽃 가운데서 그에게 보이거늘"(행 7:29~30)

민족의 친구가 되기를 원했던 한 영웅의 선택은 후회가 되어 돌아왔다. 후회의 40년을 보낸 모세는 또 다른 선택 앞에 놓였다. 그것은 바로 '택함'이다. 하지만 상처 입고 어그러져 버린 영웅은 하나님의 선택을 거절한다. 아마도 40년 동안 반복해온 후회가 그를 그렇게 하도록 만들었을 것이다. 그러나 하나님의 선택은 견고했다. 결국 모세는 하나님의 선택 앞에서 항복하고 시내 산에서 내려간다. 그는 자신이 원한 선택으로 세상 앞에서 항복했지만, 하나님의 선택으로 행복해졌다.

십대들은 가시나무 떨기 불꽃 가운데서 하나님을 만나야만 한다. 그때서야 하나님의 선택을 받는 것이 진정한 '행복'임을 확신할 수 있을 것이다. 세상은 십대를 항복시키려 하지만 하나님은 십대를 행복하게 하신다.

꿈의
원근법

"잘하는 것을 해야 해요, 아니면 좋아하는 것을 해야 해요?"

십대들이 많이 하는 질문이다. '꿈'은 십대에게 무척 매력적으로 다가오는 단어다. 그런데 "꿈을 위해서 네 모든 것을 바쳐야 후회가 없을 것"이라는 어른들의 확신 없는 가르침은 십대에게 거부감을 줄 때가 많다.

"저는 유튜버가 될 거예요."

확신을 가지고 말하는 십대 초반의 초등학생에게 물었다.

"유튜버가 돼서 무슨 일을 하고 싶나요?"

학생은 자신 있게 대답했다.

"구독자 100만 명을 만들 거예요!"

십대는 꿈을 꾼다. 그 꿈은 10년 전, 20년 전, 100년 전 우리가 꾸던 꿈, 그러나 이루지 못한 꿈과 다르지 않다. 진정한 꿈은 어디에서 오는가? 십대는 새로운 꿈을 꾸고 싶다.

미국의 흑인 인권 운동 지도자이자 목사였던 마틴 루터 킹은 1963년 8월 워싱턴 대행진 연설 중에 이렇게 외쳤다.

"나에게는 꿈이 있습니다. 내 아이들이 피부색이 아니라 인격으로 평가받는 나라에서 살게 되는 꿈입니다."

인종 차별이 심한 나라에서 그가 꿈꾸던 것은 피부색과 상관없이 사람이 사람으로 존중받는 나라였다. 그의 꿈은 존경받는 인권운동가가 되는 것이나 많은 돈을 버는 직업을 갖는 것이 아니었다. 그의 꿈은 '보는 것'이었다. 피부색을 넘어서 서로 존중하고 사랑하며 살아가는 다음 세대들을 보는 것, 그것이 그의 꿈이었다. 그리고 50년 후 미국에서 첫 흑인 대통령이 선출되었다.

미국 속담에 "To see is to get"(보는 것이 얻는 것이다)이라는 말이 있다. 그만큼 보는 것이 중요하다는 것이다. 꿈은 직업일 수도 있고 아닐 수도 있다. 꿈은 내 것일 수도 있고 그렇지 않을 수도 있다. 직업은 꿈이 될 수도 있지만, 그저 꿈을 이루기 위한 수단이 될 수도 있다. 꿈은 나만을 위한 것일 수도 있지만, 모두를 위한 것일 수도 있다. 십대의 시선이 그저 자신에게만 머물지 않고, 더 많은 이들을 향해 나아가길 바란다.

"내가 이 말을 듣고 앉아서 울고 수일 동안 슬퍼하며 하늘의 하나님 앞에 금식하며 기도하여"(느 1:4)

바사(페르시아) 제국의 유력한 인물인 느헤미야에게 꿈이 생겼다. 예루살렘을 수복하고, 무너진 자신의 나라 이스라엘을 다시금 온전히 세우는 것이었다. 그는 아닥사스다 왕의 측근으로서 왕의 신뢰를 받으며 왕의 신변을 보호하는 사람이었다. 그러나 그것은 직업이었을 뿐 그의 꿈은 아니었다.

그는 보잘것없는 자신의 나라로 돌아가는 꿈을 꿨다. 그의 꿈은 바벨론에 포로로 잡혀 온 수많은 동포들과 조국으로 돌아가서 예루살렘을 회복시키는 것이었다. 그는 회복된 하나님의 나라, 이스라엘을 보고 싶었다. 그의 직업은 하나님의 꿈을 위한 하나의 수단일 뿐이었다.

"이르시되 아빠 아버지여 아버지께는 모든 것이 가능하오니 이 잔을 내게서 옮기시옵소서 그러나 나의 원대로 마시옵고 아버지의 원대로 하옵소서 하시고"(막 14:36)

예수님께서 바라보신 것은 '십자가'였다. 완전한 하나님이자 완전한 인간이신 예수님도 죽음과 저주의 상징인 '십자가'는 피할 수만 있다면 피하고 싶은 길이었다.

"예수께서 힘쓰고 애써 더욱 간절히 기도하시니 땀이 땅에 떨어지는 핏방울 같이 되더라"(눅 22:44)

피할 길을 위해 기도하시는 예수님의 땀은 피가 되었다. 창조주이자 만물의 주관자이신 하나님의 꿈은 인간을 살리기 위해서 피조물에게 죽임을 당하는 것이었다. 그렇게 해야만 살릴 수 있는 존재가 바로 나였기 때문이다.

주님께서 바라보셨고 여전히 바라보고 계신 것은 바로 '나'다. 그리고 '십대'이다. 주님께서는 십대들이 행복하게 살기를 원하신다. 자신과 이웃을 사랑하고, 온 힘을 다해 하나님을 사랑하며 살기를 소망하신다. 그것을 위해서 십자가를 바라보셨다. 예수님의 꿈은 '십자가'였다.

십대들이 바라보는 곳이 자신만을 위한 곳이 아니라 주님께서 보여 주신 그 길이기를 바랄 뿐이다.

4부

청소년 사역자들에게 주는
허니&버터,
사역 에피소드

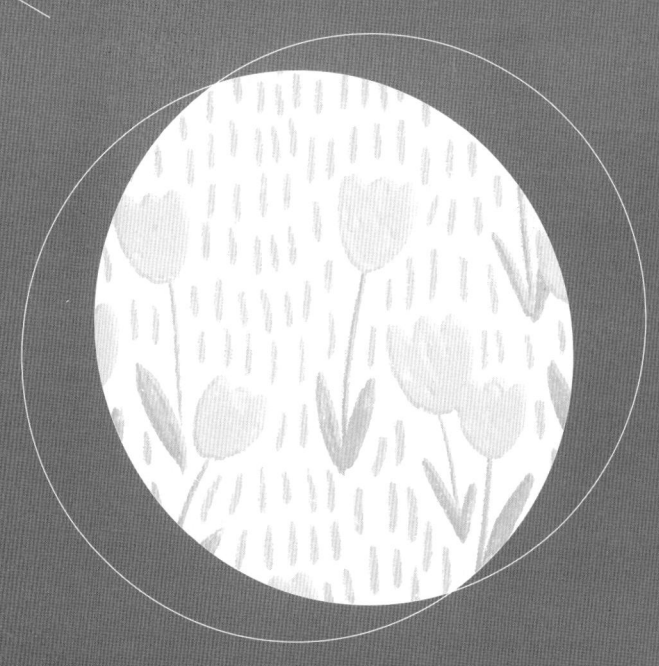

얼척없는 자살 방지 캠페인

청소년 사역을 하면서 내가 입은 가장 큰 상처는 내가 돌보던 아이들이 극단적 선택을 하는 것이었다. 이 상처는 아물지 않고 곪아 내 마음에 고름집처럼 자리 잡고 있다. 그러나 극단적 선택을 하는 것도 문제지만, 이런 선택을 할 징후를 농후하게 보이는 아이들이 정말 문제였다. 그냥 내버려두면 극단적 선택을 하겠다고 여겨지는 아이들을 대체 어떻게 돌봐야 하는지 몰라 속만 새까맣게 타 들어갔다.

부서 사역을 마치고 교사 몇 분과 탁자에 앉아 있는데, 중학교 2학년쯤 되는 여자아이가 와서 인사를 했다. 나도 아는 체하면서 "그래, 안녕!" 하고 대꾸를 했다. 그런데 말이 끝나기가 무섭게 그 아이가 "목사님, 저 자살하고 싶어요"라고 무덤덤하게 말하는 것이 아닌가.

나는 얼른 이렇게 말을 받았다.

"그래? 이리 와서 여기 앉아 봐."

그러고는 마침 탁자 한쪽에 놓여 있던 나무젓가락을 한껏 휘게 한 뒤, 아이의 이마에 사정없이 있는 힘껏 딱밤을 놓았다. 어찌나 그 소리가 컸던지 주변에 있던 사람들이 다 깜짝 놀랄 정도였다. 순간 아이의 고개가 뒤로 심하게 젖혀졌고, 아이가 이렇게 외쳤다.

"목사님, 목 부러지는 줄 알았어요. 목 아파 죽겠어요!"

내가 얼른 말을 이었다.

"거봐, 아프지? 자살 시도하면 그것보다 10만 배 더 아파. 널 아프게 하지 말아라."

순간, 그 아이의 표정이 심각해졌고 눈빛이 달라졌다. 불과 몇 초에 지나지 않는 짧은 순간이었다. 아이는 서서히 의자에서 몸을 일으켜 내 앞에 서더니 90도로 인사를 하고 자리를 떴다. 최소한 내가 걱정하는 일은 일어나지 않겠구나 하고 안도의 한숨을 속으로 내쉬었다. 그 아이는 후로 몇 주간 말없이 나와 눈을 마주쳐 주었다.

'그래, 너는 살겠구나. 고맙다.'

밤만 되면 전화해서 "목사님, 저 죽고 싶어요"라며 하소연하는 아이가 있었다. 왜 그런 생각을 하느냐고 물으니, 머

릿속에서 생각이 너무 빨리 움직여서 미쳐버릴 것 같다고 했다. 나는 두 가지를 직감했다. 첫째, 내가 무슨 말을 해도 이 아이에게는 답이 되지 않겠다. 답이라고 내놓은 말이 오히려 아이에게 상처가 되겠다. 둘째, 이 아이가 죽지는 못하겠다. 살고 싶어서 이런 신호를 보내는 거구나.

모험을 해보기로 했다. 아이에게 전화를 했다.

"우리 만나자. 내가 너 죽고 싶은 생각 없어지게 해 줄게. 그 대신 나랑 점심에 만나서 어디를 좀 같이 가야 해."

나는 아이를 강남의 한 5성급 호텔 점심 뷔페로 데려갔다. 굳이 점심을 택한 이유는, 석식은 너무 비싸서 사 줄 여력이 없었기 때문이다. 아이는 태어나서 이런 데 처음 와본다고 했다. TV에서나 본 셰프가 만든 음식을 처음 대해 본다고 했다. 아이의 눈이 휘둥그래졌다. 스테이크는 달라는 대로 줄 뿐 아니라 고급 생선회가 산더미처럼 쌓여 있고, 디저트 코너에는 액상 초콜릿이 흘러 넘치고 있었다. 중학교 2학년 남학생이 얼마나 잘 먹겠는지 상상해 보라. 조금도 과장을 보태지 않고, 한 시간 반 동안 정말 죽을 힘을 다해 먹는 모습을 지켜보았다. 그러고 나서야 먹는 속도가 조금 느려졌다.

"그래, 어때? 먹을 만하냐?"

"너무 맛있어요. 진짜 너무 맛있어요."

"세상에는 이거보다 맛있는 게 훨씬 많아. 죽겠다는 생각은 조금만 유보하자. 전 세계의 맛있는 음식을 다 먹은 다음에, 그때 다시 생각해 보자?"

전문 상담가가 들으면 펄쩍 뛸, 이 말도 안 되는 조언에 아이는 왠지 긴 침묵 속에서 무엇인가를 골똘히 생각했다. 그러고는 이렇게 말했다.

"목사님, 그게 맞겠어요."

정말 신기하게도 그날 뷔페에 다녀온 이후로 그 아이에게서 전화가 오지 않았다. 얼마 후 정신건강의학과를 찾아 상담과 약물치료를 병행하고 있다는 소식을 전해 주었다. 그리고 몇 년이 지나, 취직을 했다며 선물을 들고 왔다. 군대도 제대하고 사회인으로 어엿하게 자리를 잡아가는 모습이 나의 마음을 벅차게 한다.

신음하는 욥,
옆에서 항변하는 요나

제자훈련을 받고 부서 사역에도 진심인 남자 중학생이었다. 주일 예배 후에 가족끼리 어디 휴양지로 쉬러 간다며 조금 일찍 헤어졌다. 저녁에 전화가 왔다. 아이가 지금 위독하다고 했다. 무슨 일이냐고 물으니 모르겠다고 대답했다. 길을 걷다가 그냥 쓰러졌다고 하는데, 뭔가 둘러대는 듯한 느낌이 들었다. 무슨 소리냐고, 오늘 아침에도 건강한 모습을 봤다고 말했지만 더 이상 대꾸가 없었다.

아이는 휴가차 간 지역의 병원에서 서울에 있는 대학병원으로 전원되었다. 하지만 이미 심장이 멈추었단다. 뭔가 느낌이 싸했다. 너무나 불안해서 안절부절못하다가 하루가 지났다. 다음 날, 아이가 주님 품에 안겼다는 마른하늘에 날벼

락 같은 소식을 들었다. 길을 걷다가 옆으로 쓰러져서 병원으로 옮겼다고 하는데, 병명과 직접적인 사인에 대해서는 대답을 해주지 않았다.

강남의 한 병원 영안실에 시신이 안치되었다. 같이 제자 훈련을 받은 친구들이 먼저 병원으로 향했다. 그 친구를 맡았던 주일학교 교사에게서 전화가 왔다. 언제 오냐고 묻고는, 아이의 영정 사진이 없다며 부모님이 내게 아이 사진을 찍어둔 것이 혹시 없는지 물어보셨다고 했다.

혹시나 하는 마음으로 사진 저장소를 뒤지니 아이 사진이 나왔다. 너무나 기가 막혔다. 기억을 더듬으니, 그 아이가 내게 휴대폰을 달라고 해서 소위 셀카를 찍어 내 사진첩에 저장해둔 것이었다. 그 사진이 내 휴대폰에 그대로 남아 있었던 것이다. 그 사진을 보냈다. 아마 아이도 몰랐을 것이다. 자기가 찍은 사진이 자신의 영정 사진으로 쓰일 줄은. 생각이 여기에 미치자 가슴속에서 무언가가 폭발하는 느낌이 들었다.

주일학교 교사가 다시 전화했다. 부모도, 친구들도, 부서 교사들도 기다리고 있으니 영안실로 와달라는 내용이었다. 가기 싫었다. 진심으로 가기 싫었다. 강남으로 향해야 하는 차가 나도 모르게 성남으로 향하고 있었다. 차 안에서 혼잣말로 이렇게 구시렁거렸다.

'하나님, 저는 이 아이의 죽음을 받아들일 수 없습니다.

중2 남자애가 대체 무슨 큰 죄를 지었다고 이러십니까! 그 부모는 또 무슨 큰 죄를 지었길래 이렇게 하십니까?'

도착할 시간이 지났는데도 내가 오지 않자, 동년배 친구 아이가 전화를 했다.

"목사님, 지금 어디세요?"

"어디긴. 병원 가고 있지, 인마."

"목사님, 빨리 오세요. 저희 친구들 열두 명이 돌아가면서 상주 하고 있어요."

"뭘 한다고? 너희가 왜 상주를 해?"

"목사님, 모르셨어요? 자식이 죽으면 부모가 상주를 할 수 없대요. 친구가 해야 한대요."

그야말로 꼬맹이 열두 명이 죽은 친구의 장례식 상주를 돌아가며 하고 있었다. 각자 부모님께 허락을 받고 학교에 사정을 이야기한 후 시간을 정해 상주를 하기로 했다는 것이다. 이 말을 듣고 차를 돌려서 영안실로 향했다. 빈소에 들어갔지만 아무 말도 할 수 없었다. 물이 끓으면 삑삑 소리를 내는 휘슬 주전자처럼, 가슴에서 신음이 삑삑 새어 나올 뿐이었다.

중학생 200여 명이 장례식장에 몰려왔다. 주님 품에 안긴 아이의 부모가 내게 위로 예배 말고, 하나님 앞에 보냈으니 환송 축하 예배를 드려달라고 부탁했다. 그 부모님의 신앙이 대단하고 마음이 정말 고마웠다. 하지만 나는 위로든 환송이든 감당할 수가 없었다. 하지만 어쩌겠는가. 먼저 검정색 넥타이를 풀고, 찬송도 장례 찬송이 아니라 중등부 아이들이 좋아하는 찬송을 불렀다. 말씀도 우리 예수님이 얼마나 좋으신 선생님인지, 얼마나 다이내믹한 대장님인지, 무엇보다 얼마나 든든한 구원자이신지 신나게 말씀을 전했다. 예배를 마치자 아이들은 누가 먼저라고 할 것도 없이 서로 하이 파이브를 했다. 상황을 초월하는 은혜 속에서 말로 설명하기 힘든 감사와 감동의 물결이 넘실댔다.

그렇게 발인을 하고 성남의 화장장으로 향했다. 분골 전, 고인의 유골 전체를 보여준다. 많은 장례식에서 고인의 유골을 봐왔지만, 이렇게 우윳빛을 띤 유골은 처음이었다. 바로 그때 일기예보에 없던 눈이 내리기 시작했다. 원래 화장장에서 납골당까지 길어봐야 30분인데, 퍼붓는 눈 때문에 도로가 마비되어 두 시간이 걸렸다. 두 시간 동안 가면서 미끄러지고 자빠지고를 반복하다가 겨우 납골당에 안치했다.

부서 아이들과 교사들, 심지어 고인이 된 아이의 부모마저 다 돌아가고 아무도 없는 납골당 앞에서 갑자기 서러운 눈물이 터졌다. 평소 부서 아이들에게, "얘들아, 걱정하지 마. 목사님이 지켜 줄게"라고 한 말이 생각났다. 아무것도, 아무도 지키지 못했으면서 허세만 부린 듯하여 너무나 미안했다. 하나님께 너무도 송구했다.

중학생도 죽을 수 있다. 아이들의 죽음에는 이유가 없다. 암이나 패혈증, 신부전 같은 병명이 없다. 10대들의 죽음은 정말 그렇다. 그냥 죽는 거다. 하나님이 부르시면 그냥 죽는 것이다. 여전히 받아들이기 어려운 사실이고, 아직도 삭혀지지 않은 응어리다.

청소년부 사역자들과 교사들에게 고한다. 우리는 만능이 아니다. 십대의 구원자는 더더욱 아니다. 이것만 받아들여도 우리의 사역에 예수님이 일하실 여백이 크게 늘어남을 기억하자.

우울증에 말 걸기

10대 청소년들이 자살하는 이유 가운데 하나가 우울증이다. 우울증에 걸리면 다들 숨기기에 바쁘다. 소문이 나면 창피하다고 쉬쉬한다. 아무리 병원에 가라고 빌다시피 해도 무슨 고집을 그렇게 부리는지 절대 가지 않는다. 청소년 사역을 하면서 여럿을 정신건강의학과에 보냈다. 갖은 협박을 해서 겨우 병원에 갔다. 하지만 정작 우울증 진단이 나와서 복약을 처방받으면 도리질을 한다. 우울증 약을 먹으면 정신병자가 되는 줄 알기 때문이다. 먹지 않으면 정신병자가 되는 줄도 모르고 무지를 고집하는 학생과 학부모가 정말 많다.

우울증 진단을 받은 한 아이가 약을 안 먹겠다고 버티기에 멱살을 잡고 화를 내며 말했다.

"가서 약 먹으라고. 앞으로 너 약 안 먹으면 나를 볼 생각은 하지도 말아!"

하지만 곧 너무 다그쳤나 싶어서 덜컥 약속을 하나 하고 말았다.

"네가 병원에 가서 약 먹고 상담 받으면 내가 일주일에 한 번씩 만나 줄게."

하고 나니 얼마나 무모한 약속이었는지 조금은 후회가 되었다. 한 영혼이 천하보다 귀하다는 것을 누구보다 고백적으로 또 실천적으로 새기고 살지만, 부서를 담당하고 여러 사역에 함께 움직여야 하는 부목사 입장에서 학생 교인을 일주일에 한 번 정기적으로 만난다는 것이 그리 쉬운 일은 아니기 때문이다. 하지만 약속대로 이 아이를 일주일에 한 번씩 만났다. 정말 많은 이야기를 듣고, 마음과 마음이 이어졌다.

청소년의 마음 치유에서 가장 중요한 것은 아이를 아는 것이다. 아이를 모르는데, 목회자나 교사가 그 아이 인생에 개입해서 뭔가 기적 같은 일을 일으킨다거나 어떤 전환점을 제시할 수 있을까? 내 경험으로는 90% 이상 실패한다.

사태에 개입 말라,
그 대신 아이를 알아가라

한 번은 나와 친한 학생이 나를 붙들고 간곡히 부탁을 했다. 내가 지도하던 중등부 아이였는데, 이때는 이미 대학생이었다.

"목사님, 제 친한 친구가 아무래도 신천지 같아요. 목사님이 만나주세요. 만나서, 신천지에 그만 나가게 해주세요."

내가 단칼에 거절했다.

"싫어! 내가 왜? 네가 신천지에 빠진 것도 아닌데, 왜 내가 네 친구를 만나서 설득을 하냐? 그리고 신천지에 들어가면 끝이야. 내가 말해 봐야 소용없어. 그냥 못 들은 걸로 하자."

그날 대화는 여기서 끝났다. 하지만 그 학생은 지치지 않고 나를 볼 때마다 부탁을 했다. 딱 한 번만 만나달라고 통사정을 했다.

"내가 그 친구를 한 번 만난다고 무슨 뾰족한 수가 생길까?"

"예, 목사님이 만나 주시면 뭔가 일이 생길 것 같아요."

"그래, 좋아. 내가 만나기는 할게. 대신에 아무 일이 일어나지 않아도 나를 미워하거나, '목사님, 능력 없어요' 같은 말 하고 다니면 안 된다. 약속할 수 있지?"

드디어 첫 만남, 아니, 처음이자 마지막 만남을 가졌다.

"난 금 목사야. 너는 전공이 뭐니?"

"의예과 다녀요."

"뭐라고? 원예과? 그런 과가 있나?"

"아니요. 의예과라고요."

"아, 의예과. 내가 오래전부터 궁금한 게 있었는데, 왜 '의과'라고 안 하고 의예과라고 하는 거야? 그리고 널 보니까 의예과가 아니라 원예과 학생 같다."

나는 일부러 신천지에 나간다는 친구의 기를 죽였다. 그리고 다짜고짜 돌직구를 던졌다.

"너, 내가 왜 널 만나는지 알지? 네 친구가 나랑 친한데, 너 신천지에 가지 않게 설득 좀 해달라고 해서 내가 나온 거야."

그 친구는 당혹스러운 표정으로 말했다.

"아니에요. 저 신천지 안 나가요."

"그래? 흠, 듣던 중 반가운 소리네. 야, 네 친구 신천지에 안 나간단다. 확인했으니 우리 이제 일어나자."

바로 그 순간이었다. 그 친구의 입에서 이런 말이 술술 터져 나왔다.

"신천지가 아니라, 그냥 공부 스트레스 같이 풀면서 운동도 하고, 선배들이 밥 사주고… 뭐 그런 모임이에요. 종교 얘기는 일체 안 해요. 다들 좋은 사람들인 것 같아서 부담 없이 만나요."

내가 이때다 싶어서 엄하게 말했다.

"친구야, 잘 들어라. 그게 바로 신천지다! 자, 난 네 친구의 부탁대로 너를 한 번 만났고, 네가 신천지에 다니는 거 확인했으니, 이젠 진짜 일어선다."

그 친구는 무슨 바람이 불었는지 순순히 그간 누구를 어디서 만나 무슨 이야기를 나누었는지, 신천지 모임에 관해 소상하게 고백했다. 나는 이참에 쐐기를 박아야 한다는 생각에 이렇게 말했다.

"내가 이렇게 말해도 너는 또 나갈 거야. 나는, 너 때문에 네가 신천지에 가지 않기를 바라는 게 아니야. 너를 만나달라고 부탁한 네 친구, 내 제자를 봐서 네가 신천지에 가지 않길 바란다. 그래도 가고 싶으면 가고. 단, 우리는 다시는 만나지 말자."

청개구리과는 분명 아닌 것 같았는데, 나랑 이렇게 헤어진 그 친구는 희한하게도 그 다음 주부터 교회에 나오기 시작했다. 그리고 묻지도 않았는데 내게, "목사님, 저 이제 아무 데도 안 가요"라고 말했다.

청소년 사역은 아이들을 알아가는 사역이다. 알아야 편을 들어주고, 알아야 신경을 써줄 수 있다. 아이의 인생에 개입하는 것은 너무 힘든 일이지만, 알게 되면 개입하지 않을 수가 없다. 사건에 개입하기 전에 사람부터 알아가라.

상담의 역설

청소년들은 자주 죽고 싶다고 한다. 죽고 싶다며 밤새도록 통화하는 아이도 있었다. 나는 아이들이 죽고 싶다며 문자를 보내면 일체 답을 하지 않았다. 그러면 문자를 보낸 아이가 주일예배에 와서 슬슬 내 눈치를 보고 간다. 그래도 답문을 보내지 않으면, 참다 참다 드디어 폭발을 한다. 아이는 뾰로통해서 따져 묻는다.

"목사님, 왜 답문을 안 하세요? 내가 죽겠다는데 어떻게 이렇게 관심이 없어요?"

그때 기다렸다는 듯이 내가 호통을 친다.

"야, 이 녀석아. 내가 답문 했으면 넌 이미 죽었어."

물론 정말 심각한 경우가 있다. 그러나 어떤 경우는 너무

진지하게 다가가면 사태가 더 심각해진다. 이것이 현장에서 체득한 십대들의 전형적인 심리 중 하나다. 나는, 극단적 선택을 하면 안 돼, 이런 접근이 아니라 다른 무언가에 집중하도록 신경을 돌려놓아 주려고 노력을 많이 했다.

"너, 이것 좀 해보다가 죽으면 안 되겠냐. 너 죽는 거 내가 말리지 않을 테니까, 이것 좀 한번 해보고 죽자."

그러면서 걸그룹과 웹툰 작가를 비교하며 접촉점을 만들어 아이들의 시선을 돌리려고 애썼다.

"너희들 걸그룹ㅇㅇㅇㅇ, 축가 한 번 불러 달라고 초청하면 2천만 원 줘야 해. 그런데 다섯 명이니까 개인당 400만 원씩 돌아가. 그런데 웹툰 작가 초청해서 성공담 한 번 들으려면 ABC급 중 B급 강사만 초대해도 두 시간 강연하고 천만 원이 강사료야. 얘들아, 너희 그렇게 좋아하는 만화를 그려서라도 웹툰 플랫폼에 작가 이름 한번 올려봐야 하지 않겠니? 우리 죽을 생각 하지 말고, 툭하면 죽는다고 하지 말고, 웹툰 작가 한번 해보자. 나도 구독해 줄게."

아이들이 피식 웃는다. 딴청을 하고 있는 듯 보인다. 그런데 개중에는 이런 거친 화법과 울퉁불퉁한 접근으로 극단적 선택의 직전에서 구출된 아이들도 있다. 아무것도 아닌 듯 보이는 일이라도 마음을 붙이게 하고, 그 세계로 발을 조금씩 들이게 하다 보면 '살아야겠다'는 생각이 들어 극단적 선택의 충동에서 벗어나는 아이들도 여럿 보았다. 아니, 이렇게 해서 끝내 마음을 돌리지 못한 아이는 한 명도 없었다.

상담이 만능은 아니다. 상담은 압력솥의 무게추다. 분명히 김을 빼 주기에 폭발은 막지만, 전원이나 가스 공급을 차단하지 않는 한 밥솥을 태워먹는 것은 시간 문제다. 십대 마음의 가스 밸브를 찾는 일이 제일 우선이다.

기억의 치료

 십대에게도 성인에게도 직면은 쉽지 않다. 청소년 사역을 하면서 영영 다시는 만나지 못하게 된 아이들이 몇 명 있다. 흔한 말로 공부도 잘하고 좋은 대학에 다니고 있었는데, 선물로 받은 생을 온전하게 받아들이지 못한 친구들이 있다. 만약 내 아이가 강도를 당한다거나 폭행을 당해서 극단적인 사건이 벌어졌다고 해보라. 아마 사건의 전말을 규명하려고 경찰서에 신고하고, 있는 힘을 총동원해서 가해자를 벌주려고 할 것이다.

 아이들이 생이라는 선물을 다 뜯어보지도 않고 포장 박스를 덮어버렸다면 어떻게 해야 하는가? 얼마나 마음이 아프고 힘들었으면 이런 선택을 했을까? 도대체 이런 선택을 하게 한 방아쇠는 무엇이었을까? 이렇게 고민하는 부모는 정말 드물다. 보통은 뭐가 그렇게 부끄러운지, 아니면 너무 큰 아픔에 본인들도 넋이 나간 건지, 그것도 아니면 슬픔의 심연을 마주할 용기가 없는 건지, 그저 쉬쉬하며 장례식을 치러버린다. 그냥 빨리 받아들이고 빨리 잊고 싶어 한다. 그러나 확신한다. 절대 잊히지 않는다.

참척(慘慽; 참혹한 슬픔, 자식을 앞서 보낸 부모의 슬픔)의 아픔은 그냥 덮는다고 낫지 않는다. 아들을 잃어본 경험이 있으신, 아니 아들을 잃으심으로써 다시 사람과 세상과 화해하신 하나님께서 함께해 주시는 수밖에 방법이 없다. 또한 모든 죽음을 멸절하심으로써 고난을 뿌리째 캐내 버리시는 그날을 향해 함께 묵묵히 걸어가는 공동체의 위로 외에는 어떤 치료제도 없다.

목사야, 왜 의심하였느냐

중학교 1학년 여자아이가 오후 5시만 되면 내게 전화를 했다. 귀엽고 예쁜 인상에 공부도 잘했다.

"목사님, 저 왕따 당해요. 어떻게 하면 좋아요? 살아도 사는 게 아니에요. 죽고 싶어요."

많은 사람이 참아라, 이겨내라, 너도 맞서라, 실력으로 보여줘라 등등 말도 안 되는 조언을 아이에게 한다. 그리고 이것이 옳다고 착각한다. 하지만 틀렸다. 왕따를 당하면 답은 단 하나, 무조건 전학해야 한다. 버틴다고 해결되는 문제가 아니다. 왕따는 도망가는 것이 큰 승리다. 요즘은 대안학교가 인성교육도 잘하고, 학력도 일반 고교 못지 않게 높기 때문에 입시를 걱정할 것 없이 얼마든지 대안학교를 생각할 수 있다.

왕따 시키는 아이들에게 왜 왕따를 하느냐고 물었더니 정말 기가 막히는 말을 들려주었다.

"그애들한테서는 왕따 냄새가 나요. 어디 가도 그 냄새가 나요."

나는 오후 5시만 되면 전화에 신경증이 걸릴 지경이었다. 대체 이 문제를 어떻게 해야 좋을까? 교사가 개입해도, 학부모가 개입해도 왕따는 개선되지 않는다. 마음 같아서는 학교로 달려가서 왕따를 하는 학생들을 혼내 주고 싶지만, 좋은 방법이 아니다. 내 경험상 혹독히 훈계해도 딱 그때뿐이다. 어른들이 학교에 다녀가시는 그 순간부터 더 괴롭힌다.

막막한 심정으로 기도를 시작했다.

"하나님, 왕따는 주님이 개입하셔도 어렵다는 걸 압니다. 그런데 좀 도와주십시오. 이 아이가 제게 전화 좀 그만 하게 해주십시오."

그때 갑자기 기가 막힌 방법이 떠올랐다. 아이가 더 이상 내게 전화를 하지 않게 할 묘수가 떠오른 것이다. 이 꾀를 아이에게 말하면 반응이 어떨지 빨리 알고 싶어서 그날은 전화를 기다렸다.

5시가 되자 전화가 왔다. 내가 선수를 쳤다.

"너 오늘도 왕따 당했지?"

"네, 목사님. 오늘도 왕따 당했어요."

"나한테 기가 막힌 방법이 생각났어. 너, 목사님이 말하는 그대로 토시 하나 틀리지 않고 똑같이 가서 하면, 너 왕따에서 벗어날 수 있어. 근데 약속 하나만 하자. 너, 내가 하라는 대로 할 수 있겠니?"

아이는 반신반의하면서 그렇게 하겠다고 대답했다. 나는 얼른 이어 말했다.

"자, 내가 알려준 방법대로 해서 더 이상 왕따를 당하지 않는다면, 그다음부터는 나한테 전화하지 마. 약속할 수 있지?"

아이는 약속했고, 우리는 '약속, 도장, 복사, 하늘땅 별땅, 침 뱉고 약속' 의식까지 치렀다. 아이가 못 견디겠다는 듯 물었다.

"목사님, 제가 뭘 해야 하는데요?"

"응, 아주 간단해. 잘 들어. 너 학교에 가서 책상에 앉자마자 기도를 한 번 해. 그다음에 너를 왕따 시키는 주범 다섯 명 앞으로 가. 가서 이렇게 말해. '얘들아, 하나님께서 너희를 사랑하신대.' 내가 기도했으니까 그대로 하면 돼. 앗, 잠깐. 아까 말 못 했는데, 너 내가 시키는 대로 하지 못해도 나한테 더는 전화하기 없기다!"

생 레몬 조각을 씹은 표정으로 아이가 알았다고 대답했다.

얼마나 시원했던지 전화를 끊으면서 "야호, 드디어 해방이다!"라고 외쳤다. 그 아이가 절대 그렇게 할 수 없을 것이란 확실한 믿음이 있었기 때문이다. 속으로 '미안하긴 하지만 어떻게 하겠어. 내가 왕따 시키는 건 아니잖아'라고 애써 위안하면서 전화를 끊었다.

그다음 날 다섯시에 '안 오겠지' 하던 전화가 또 왔다. 나는 다짜고짜 화를 냈다.

"야, 너 시키는 대로 안 할 거면 전화하지 말랬지. 왜 전화했어!"

아무 말이 없기에 변명을 만들고 있나 보다 했는데 이런 말을 하는 것이었다.

"목사님, 그래서 전화 드린 거예요."

"어? 뭐라고?"

"목사님이 하라고 하신 대로 했어요. 오늘 학교에 가자마자 가방을 내려놓고 기도한 후에 걔들한테 가서 얘기했어요 '애들아, 하나님이 너희를 사랑하신대.'"

"그랬더니?"

"뭐가 그랬더니예요. 그러면 더 이상 괴롭히지 않을 거라고 목사님이 말씀하셔 놓고요. 신기한 일이 벌어졌어요. 걔네들이 갑자기 사과하면서 다시는 안 하겠다고 그랬어요."

"너 거짓말하는 거 아니야? 진짜야?"

"진짜예요."

나는 너무 놀라워서 도대체 어떻게 된 일인지 자세한 자초지종을 물었다. 첫 수업이 시작되기 전에 아이는 나와 약속한 대로 그간 자신을 괴롭히던 아이들을 찾아가 선포(?)를 하였단다. 그러자 그 아이들의 얼굴빛이 벌겋게 번졌고, 수업이 끝나 자리에 앉아 있는데 그 다섯 명이 찾아와서 사과를 했다고 한다.

"미안해. 안 그래야지 하고 마음먹은 적도 있는데 습관처럼 그렇게 했어. 우리가 사과할게."

이 말은 들은 아이도 하도 신기해서 물어봤다고 한다.

"왜 갑자기 나한테 사과하는 건데?"

"네가 아까 '하나님이 너희를 사랑하신대' 하고 말하는데 갑자기 너무너무 무서웠어. 하나님이 우리를 심판하실 것 같았어. 우리 다섯 명이 똑같이 그걸 느꼈어. 그래서 사과하게 됐고."

실화다. 그제서야 깨달았다. 하나님께는 왕따, 학폭도 해결할 능력이 있으시구나. 학교와 교실이, 하나님이 임재하시는 성소구나. 아이들에게 하나님의 사랑이 실증되는 십자가의 현장이구나.

신자는 자기 힘으로 살지 않는다. 자기 경험에 갇혀 살지 않는다.

싸움의 기술

교구 목사에게서 연락이 왔다. 교구 제직 자녀가 학교 폭력을 당했다고 했다. 아이가 심성이 착하고 어질어 맞서 싸우지도 못하고 전학도 가지 못하는 실정에서 부서 담당자인 나를 찾은 것이다. 자초지종을 들어보니 학교에 가면 애들 셋이 그렇게 때린다는 것이었다. 이야기를 듣고 있자니 화가 치밀었다.

"나쁜 놈들 같으니라고."

"목사님, 그중에서 제일 괴롭히는 애가 목사 아들이에요."

어처구니가 없어서 아이에게 이렇게 말해 주었다.

"너 내가 전학을 허락한다. 엄마는 내가 설득할게. 근데 갈 때 가더라도 너도 한 대는 때리고 가라. 안 그러면 너 평생 후회해."

그러고는 안 아프게 맞는 법과 다치지 않게 공격하는 법을 알려주었다. 그 주 주일에 아이가 교회에 왔는데, 정말 눈 주위가 시퍼렇게 멍들어 있었다. 한 대라도 때리고 오랬더니 흠씬 두드려 맞고 왔구나 싶어서 물었다.

"아니, 때리고 오랬더니 맞고 왔냐?"

그런데 맞고 온 아이 치고는 뭔가 의기양양했다.

"아니에요, 목사님. 맞기만 하지 않았어요. 가르쳐 주신 대로 콧등 정확하게 한 대 쳤어요. 맞은 애가 울었어요. 속이 정말 후련해요. 목사님, 이제 저 전학 갈래요."

아이는 전학을 아주 멀리 갔다. 영국으로. 지금은 영국에서 컴퓨터 프로그래머로 일하고 있다. 콧등 한 번 못 때렸으면 평생 상처를 안고 살았을 텐데, 콧등 한 대 때리고 '나도 할 수 있구나' 하는 힘과 희망을 얻은 것이다. 왼뺨을 때리면 오른뺨을 돌려 대라는 예수님의 말씀은 모욕을 견디는 제자도의 장엄함을 보여주는 말씀이다(오른손잡이가 뺨을 치면 상대는 왼뺨을 맞는다. 왼뺨을 때린 오른손등으로 상대의 뺨을 툭툭 치는 것만큼 모욕은 없다.) 이 말씀을 자기방어나 정당방위를 일체 포기하라는 뜻으로 해석하면 안 된다. 십대들은 콧등 한 대 정도가 아니라 꿀밤 한 대로 인생이 완전히 바뀌기도 한다.

사역자에게
흰 머리카락은 훈장이다

중학교 2학년 여학생. 집은 성남이고 발레를 했다. 가정에 조금 불우한 일이 있어서 엄마와 동생, 이 학생, 이렇게 셋이 살았다. 주일이 지나고 화요일쯤, 담당 주일학교 교사가 다급히 전화를 했다. 이 학생이 학교에 갔다 와서 친구를 만나러 갔는데 밤이 늦도록 연락이 없다는 것이다. 아이의 엄마가 교사에게, 교사가 내게 전화를 했다. 엄마는 이런 적이 한 번도 없었다며 불안해했다. 동성 친구들을 만나러 간 것 치고는 엄마가 너무 불안해한다 싶어서 꼬치꼬치 물으니, 아무래도 동네 일진 오빠들을 만나러 간 것 같다고 했다. 아이 주변에 질이 안 좋은 여자애가 있는데, 이 아이를 왕따로 만들기 위해서 일진 오빠들에게 데리고 간 것 같다고 했다.

불안한 엄마가 경찰서에 전화했는데, 경찰서에서는 기다려보라는 말만 되풀이하더란다. 중학교 2학년이지만 아이가 야심한 밤까지 소식이 없으니 얼마나 애가 탔을까. 하지만 그 당시만 해도 집을 나가서 3일 이상이 되어야 가출 신고를 받았다. 아이 엄마와 교사 그리고 나는 기도하면서 뜬 눈으로 밤을 새우고 그다음 날을 맞았다. 우리 셋만 아니라 온 교회 주일학교 선생님들과 아이들에게도 기도 제목이 돌았다. 기도 제목은 단순했다.

"하나님, 제발 살아만 있게 해주세요."

나는 그날 두 가지를 알게 되었다. 하나는 애간장이 녹는다는 말이 진짜라는 것, 그리고 하룻밤 사이에도 머리가 희어질 수 있다는 것이다. 그날 밤부터 흰머리가 자라기 시작했다.

교사 중 한 분이 검사였다. 그 교사가 내게 말했다.

"목사님, 벌써 밤이 지났고 지금 이 시간까지 연락이 없으면, 마음의 준비를 하십시오. 이런 사건이 종종 일어나는데 보통은 결과가 그렇게 좋지 않습니다."

이 말을 듣는데 진짜 가슴이 터져 나갈 듯했다. 아이 엄마도 완전히 혼비백산했다. 주일학교 여교사 한 분에게 부탁하여 아이 엄마를 어디 좀 데려가서 마음을 추슬러 드리라고 하고, 나는 전화통만 뚫어지게 바라보고 있었다. 오후 3시 조금 넘어서 갑자기 전화가 왔다. 발신자는 주일학교 교사였다.

"목사님, 저 지금 경찰서에 가요. 경찰서에 가서 전화 드릴게요."

발밑이 꺼지는 듯했다. 전에 고등부에서 사역할 때 경찰서에서 출두하라고 해서 갔더니 아이가 죽었다고 한 일을 겪은 적이 있는지라 가슴이 철렁 내려앉았다. 약 한 시간 후인 4시쯤, 그 교사에게서 전화가 다시 왔다.

"선생님, 괜찮아요? 아이 상태는 어때요?"

우리는 밤새 '머리부터 발끝까지 털 끝 하나도 상하지 않게 돌려보내 주옵소서' 하고 기도했다. 그 교사가 크게 웃으면서, "목사님, 머리털 하나 상하지 않았어요!" 하고 대답했다. 자초지종을 물으니 아직 진술 중이니 다시 전화를 주겠다고 했다.

사정은 이러했다. 학교에 다녀와서 나쁜 친구가 전화를 했다. 멋진 오빠들과 재미있게 놀자고 했다. 남고생 다섯 명이 이 아이를 야산에 있는 한적한 놀이터로 데려갔다. 거기서 술 게임을 하면서 지면 벌칙으로 술을 마시게 했다. 너무너무 무서웠지만 도망할 수 없었다. 그런데 술이 한 잔 두 잔 들어가면서 이상한 용기가 생겼다. 그리고 제자훈련에서 배운 기도가 갑자기 생각났다. 그래서 술주정 같은 기도, 기도 같은 술주정으로 크게 기도했다고 한다.

"하나님, 나 집에 가고 싶어요. 하나님, 나 집에 가고 싶어요."

순간 그 나쁜 녀석들이 겁을 집어먹었다. 술주정이 아니라 발작을 하는 듯 보이니 무서웠을 수밖에. 그래서 이 아이를 소개해 준 여자애에게 전화를 걸어, 얘 정신이 이상하다며 빨리 데리고 가라고 했다. 하지만 전화를 받은 여자애도 겁이 나서 그냥 전화를 끊어버렸다. 하는 수없이 아이를 피시방에 데려가 하룻밤을 꼴딱 세우고, 다음 날 집에 보내려는데 집을 모르니 어떤 놀이터에서 데리고 있다가 순찰 중이던 경찰들에게 적발되었다.

아이는 사고 후유증을 잘 극복하고 고교에 진학했고, 지금 아주 건강하게 제 몫을 하면서 잘 살고 있다. 하지만 이 날 이 사건 이후로 나는 흰머리가 자라기 시작했다.

완벽한 가출을
도와드립니다

중등부 사역에서 연례행사처럼 찾아오는 사건이 있다. 바로 아이들의 가출이다. 우선 부모들이 알아야 할 것이 있다. 경찰은 가출 청소년을 찾아주지 않는다. 가출하고 사흘이 지나야 신고 접수를 받기 때문에 부모가 찾아야 하는데, 절대 안 된다. 십대들이 가출하면 제일 좋은 방법은 친구들이나 선배들, 또는 후배들을 탐문하는 것이다. 선배, 친구, 후배에게 부탁하면, 빠르면 3시간 만에 찾는다. 십대들의 동선이 뻔하기 때문이다. 어른들은 못 찾고, 사역자인 나도 못 찾는다.

교회 외부에서 수련회를 하면, 일과 후 저녁밥을 먹고 사라지는 아이들이 나온다. 저녁식사 후 보고가 온다.

"몇 학년 몇 반 몇 명이 사라졌습니다."

이런 일을 대비해서 나는 늘 수련회 추노꾼을 봉사자로 불렀다. 수련회를 갈 때면 대학부에서 TK, 즉 타임 키퍼Time Keeper를 20명 정도 데려가고, 그중에서 기동력 좋은 친구 3명 정도를 추노꾼으로 임명한다. 이탈자가 생기면 이 추노꾼들을 푼다. 이탈자를 찾아서 데려오는 데 세 시간도 걸리지 않는다. 보통은 수련회장 주변에 있는 피시방에서 다 잡혀온다. 대학생 추노꾼들은, 자기들도 해봤기 때문에 어디에 가야 이탈자들을 찾을 수 있는지 손바닥 들여다보듯이 잘 알고 있다.

십대 부모들에게 권한다. 자녀의 친구들, 선후배들과 최소한 안면을 터놓으라. 이 네트워크만 있으면, 단돈 5만 원으로 가출 자녀를 금방 찾을 수 있다. 햄버거 하나 사주고 찾아 달라고 부탁하면 정말 금방 찾아낸다.

부모들이 모르는 사실이 하나 있다. 가출을 하겠다고 결심한 아이는 곧장 집 밖으로 뛰쳐나가지 않는다. 보통 어디로 가는가 하면, 아파트 옥상 같은 데로 올라간다. 가출 십대의 60~70%는 이 루트를 따른다. 부모들이 너무 불안하니까 여기저기 전화하고, 아무데나 찾아 나서니까 아이들이 더 숨는 것이다. 십대 부서 사역을 하면서 학부모 간담회를 하면 꼭 이 말을 당부했다.

"부모님, 그럴 일 없겠지만, 만에 하나 아이가 가출하면 먼저 제게 전화 주세요. 금방 찾을 수 있습니다."

아이들에게는 설교 시간에 이 작업을 한다.

"너희들 가출해 봐야 아파트 옥상에 올라가서 엄마 언제 오시나 보잖아. 그러지 말고 나한테 전화해. 내가 하루 보장해 줄게. 안전하고 따뜻한 숙식 제공! 가출하면 나한테 전화해."

하루는 수양회를 다녀오는 길에 전화를 받았다. 눈이 허리까지 온 날이었다. 중등부에 아이가 나오고 있는 집사님이셨다.

"목사님, 어떻게 하면 좋아요. 딸이 가출했어요."

"예, 집사님. 괜찮아요. 조금만 기다리세요."

"목사님, 지금 농담이 아니에요."

"저도 농담 아니에요. 조금만 기다리세요. 제가 곧 연락드릴게요."

정말 이 전화를 끊자마자 가출했다는 아이에게서 전화가 왔다.

"목사님, 저 가출했어요."

"왜? 가출했는데 뭐 어쩌라고?"

"목사님이 하루는 숙박시켜 주신다면서요."

"흠, 그래서 전화한 거야? 오케이. 손님, 지금 어디에 계신가요? 그래, 지갑은 갖고 나오셨나요? 내가 지갑은 꼭 챙겨서 가출하라고 했을 텐데. 알았어. 지금 있는 그곳에서 꼼짝

말고 기다려. 데리러 갈게."

아이가 있다는 곳에 가보니, 맨발에 슬리퍼를 신고 외투도 지갑도 없이 눈이 허리만큼 쌓인 날에 오돌오돌 떨고 서 있었다. 엄마가 잔소리를 하면서 너무 혹독한 말, 상처 되는 말을 해서 견딜 수 없어 가출했다는 것이다. 우리 집에 데려가서 계란국을 끓여 반찬 몇 가지와 함께 밥을 먹였다. 눈이 쏟아지는 거리에서 한 시간 정도 서 있었으니 얼마나 춥고 배가 고팠겠는가. 허겁지겁 밥을 먹더니 따뜻하고 노곤했던지 아이가 긴장을 풀고 졸기 시작했다. 아이에게 잠깐 쉬고 있으라고 하고, 아이 엄마에게 전화했다.

"집사님, 따님 우리 집에 잘 있어요."

"목사님, 어떡하면 좋아요! 제가 혼쭐을 낼게요."

"집사님, 그러지 마세요. 제가 밥 먹여서 보낼 테니까, 딸 들어오면 그냥 모른 척하고 가만히 계세요."

통화를 마치곤 아이와 엄마 흉을 보기 시작했다.

"엄마가 좀 그러시지, 그치?"

그때가 밤 10시가 좀 덜 되었던가. 아이 입에서 이런 말이 나왔다.

"목사님, 저 집에 가야 할 것 같아요."

"네 생각도 그렇지? 가자!"

"근데 목사님, 엄마한테 혼나면 어떻게 해요."

"걱정하지 마. 내가 다 얘기해 놨어. 엄마가 아무 말도 안 하실 거야. 너도 그냥 모른 척하고 들어가."

요즘은 뭐든지 뇌 문제라고 한다. 청소년 가출도 뇌과학의 관점에서 보면, 아직 전두엽이 충분히 발달하지 않아 충동 조절, 장기적인 계획 수립, 감정 조절 등이 부족하여 내리는 잘못된 결정이라고 한다. 하지만 성인이 된 후에도 불현듯 낯선 곳으로 떠나고 싶고, 전혀 모르는 사람들을 만나고 싶다는 생각이 드는 것을 보면, 우리는 길 위에 있는 존재 auf dem Weg sein임이 틀림없다. 청소년이든 노년이든 영원한 본향을 향하는 마음의 나침반이 켜져 있는 한, 우리는 어딘가에서 나와 영적 본향으로 가고 있는 가출인일지도 모른다.

책을 마치며

파란만장 波瀾萬丈

삶에 곡절과 시련이 많고 변화가 심하다는 의미이다. 청소년 사역뿐만 아니라 우리의 인생에는 거센 풍파가 몰아치는 시간들이 있는 것 같다. 그렇게 많은 일이 있었다. 어떻게든 십대와 함께하기 위해 내가 할 수 있는 최선을 다한 것 같아서 후회는 없다.

그때, 어떤 분이 내게 물었다.

"아니, 어떻게 십대 아이들을 다 케어 care 하세요? 얼마나 힘드실지 상상이 안 되네요."

"아니요. 제가 아이들을 보살피는 것이 아닙니다. 이 아이들이 저를 보살피는 겁니다."

이 생각지 않은 답이 인생의 우문현답이 되고 있다. 상상도 하기 싫지만, 이 십대들이 없었다면 나는 정말 큰일 날 뻔했다. 이 청소년들이 있어서 나는 세상에서 가장 빛나는 시간을 그들과 함께할 수 있었다.

천만다행 千萬多幸

"목사님, 오전에 김○○이란 청년이 찾아왔었어요. 지나가는 길에 목사님 생각이 나서 왔는데, 목사님이 심방 가셔서 기다리다가 갔어요."

중학교 1학년 때 왕따를 당하면서 매일매일 전화하던 그 아이였다. 지금은 대학교를 졸업하고, 취직해서 잘 산단다.

"목사님, 목사님을 십대에 만나서 참 다행이에요. 이제 제 결혼식 주례도 해 주시고…. 너무 감사해요."

신혼여행을 다녀와서 인사차 온 제자가 편지 하나를 수줍게 건넸다. 대학을 졸업하고, 간호사로 일하다가 남편을 만나 결혼한 아이는 평택에서 잘 살고 있다.

"목사님, 이번에 셋째 출산했어요."

고등학교를 졸업하고 취직한 후 결혼하여 아이를 낳았다. 벌써 세 번째다. 지금은 장년부에 잘 출석하고 있다.

"목사님! 저 이번에 사업 시작해요."

"목사님! 저 취직했어요."

"저 이번에 병원 인턴 시작해요."

"저 이번에…"

십대는 가장 어두운 시절에 광풍을 만나 거친 풍파의 위기 가운데 갇혀 있었다. 우리 주님은 그러한 인생의 바다에 오셔서 모든 광풍을 잔잔하게 하셨다. 그래서 천만다행이다.

파란만장과 천만다행 사이에서 살아온 시간이었다. 책을 마치며 깨닫는 것은 오직 주님만이 길이라는 사실과 오직 기도 외에 다른 능력은 없다는 것이다. 이 책을 함께 읽는 모든 분에게 동일한 은혜와 소망이 있기를 간절히 기도해 본다.

"여호와의 말씀이니라 너희를 향한 나의 생각을 내가 아나니 평안이요 재앙이 아니니라 너희에게 미래와 희망을 주는 것이니라"(렘 29:11)

십대 마음에 꽃이 피었습니다

초판 인쇄 2025년 5월 16일
초판 발행 2025년 5월 28일

지 은 이 금동훈
발　　행 익투스

기획 오은총
편집책임 조미예　　**마케팅책임** 김경환
경영지원 임정은　　**마케팅지원** 박경헌 김혜인
유통 박찬영 김승온　　**제작** 안승찬　　**편집·홍보** 이윤지

주소 서울 강남구 영동대로 330
전화 (02)559-5655~6
팩스 (02)6940-9384
인터넷 서점 www.holyonebook.com
출판등록 제2005-000296호
ISBN 979-11-86783-65-8

ⓒ 2025, 익투스

* 이 책은 신저작권법에 의하여 국내에서 보호를 받는 저작물입니다.
　출판사의 협의 없는 무단 전재와 무단 복제를 엄격히 금합니다.
* 책값은 뒤표지에 있습니다.
* 잘못된 책은 교환하여 드립니다.

 예수 그리스도와 그분의 복음을
사랑하는 모든 사람과 함께 합니다